KB211982

# 광야를 지나

37년 아프리카 선교이야기

# 광야를 지나

초판발행 / 2021년 05월 01일

저 자 / 윤원로
펴낸 곳 / 미성문화원
펴낸이 / 장시왕
편집,디자인 / 미성문화원 디자인팀
표지디자인 / 유병현
출판등록 / 2004년 10월 6일 제 2014-000095
주소 / 서울시 영등포구 여의대방로 5길2 (신길동 우창아파트 별관)
홈페이지 / www.meesung.co.kr
대표전화 / 1599-5117, 팩스 02-833-4400
이메일 / msung53@naver.com

ISBN : 979-11-86157-25-1

37년 아프리카 선교이야기

# 광야를 지나

미성문화원

# 굽이굽이 헤쳐 나온 골목들은 영광의 길이었습니다

전주 안디옥교회 원로목사
(사)바울선교회 대표이사

이동휘

　윤원로 선교사님의 선교사역 37년은 상처받은 아프리카를 위한 사도바울의 걸음이었습니다. 아프리카를 뺨 때린 자들은 많았습니다. 서구열강이 마구 덤벼와서 안방을 차지하고 주인 자리를 빼앗아 순박한 이들을 노예로 묶어 잔악하게 팔았습니다. 그리고 사탄과 악령의 부하들이 만들어 엮은 악습은 가정의 행복을 파괴했습니다. 굶주림과 질병 그리고 에이즈로 고통스럽게 살다가 겨우 40대에 수명을 마감해야 했습니다. 이 안타까운 모습을 보신 선교사님은 뛰어가서 강도 만난 자의 이웃이 되기를 자원하셨고 승리의 보고를 전하게 되었습니다. 만만치 않은 고통이 그를 골고루 괴롭혔음은 물론입니다.

　한때는 아프리카인들에게도 영혼이 있는가 하고 사람대접을 안 했습니다. 그러나 예수님의 영으로 무장된 그들을 볼 때 정말 강했습니다. 어떤 민족 못지않게 아름답고 매력적이었습니다.

아프리카의 음악같이 사람의 영혼을 파고드는 음악이 어디 또 있을까요. 윤 선교사님이 목회하는 교회 찬양대원들이 한국을 방문하여 노래하는 찬양을 들었습니다. 세계 제일의 노래였습니다. 배운 것이 짧은 저들이지만 하나님이 주신 성음이었습니다. 고통 중에서 울려 나온 영음이었습니다. 아프리카 어느 시골 마을에 가도 곡조도 없이 각종 음률로 조화를 이루어 찬송하는 모습은 신비했습니다. 흔히 흑인영가라고도 부릅니다.

아프리카는 문자문화가 아니고 구두문화라 하여 무식하게만 보려고 합니다. 그러나 월요일에서 금요일까지 5일 만에 성경을 일독하는 성도들의 훈련에 누가 감히 업신여기겠습니까?

아프리칸 타임이라 해서 시간관념도 없고 약속 시간도 지킬 줄 모른다는 그들이 이제는 예배 시간에 정확히 모여 예배를 드리는 질서의 엄중함으로의 변화, 아프리카의 가능성을 누가 무시하겠습니까? 자기는 월급이 없는데도 도와주기를 실천하는 성도, 핍박과 죽음의 위협 앞에서도 믿음을 지키는 용감한 성도, 어느 나라든지 가서 목회자 세미나를 열고 아프리카대륙의 목회자 수준을 높이려는 지도자 훈련 사역, 낙타 무릎이 되도록 기도했던 사도 야고보가 있었다는 설교를 듣고 밤새워 기도하며 마침내 권능을 받아 귀신을 쫓아내고 많은 성도와 교역자들을 위하여 사역하는 앙드레 같은 헌신적인 목사를 배출한 아프리카! 하나님의 은혜요 선교사님의 값진 열매입니다.

30년을 훨씬 넘는 경험과 연륜 그리고 열정으로 윤 선교사님은 나라 구별 없이 찾아가 복음을 전달하고 있습니다. 농축된 경험을 바탕으로, 세상을 떠날 그 날까지 영원히 달려만 가는 경주자로 그 이름 붙여질 것 같습니다.

발간되는 이 책자 "광야를 지나"를 통하여 아프리카의 구원과 선교에 대한 열정이 강렬해지기를 바랍니다. 선교사로 헌신하는 성도들도 쏟아지기를 바랍니다. 선교의 완성을 위해 기도하는 자들 역시 선교에 목숨을 즐거이 드려 증인과 같은 상을 받기를 바랍니다. 충성된 자의 명단에 기록되시기를 바랍니다.

# 자랑스럽습니다

수정교회 원로목사
세계한국인 기독교총연합회 대표회장
전 한국교회연합 대표회장
조일래

　나이는 나보다 적으면서 목사안수를 받자마자 먼저 원로목사가 되신 윤원로 선교사께서 30여 년의 아프리카 선교 이야기를 담은 '광야를 지나'를 발간하게 된 것을 먼저 축하드립니다.

　개척 때부터 선교에 많은 관심을 가졌고, 20여 년 동안 교단 해외선교 위원회 임원을 맡았던 나는 오랜 기간 윤 선교사의 승리하는 선교사역을 지켜보았으며, 감사의 마음을 늘 갖고 있었습니다. 그래서 내가 해외선교 위원장일 때 '선교사님은 명예신학박사 학위를 꼭 받아야 할 분이다'라고 적극 추천 하였습니다.

　나는 오래전에 선교사님의 아프리카 선교 현장을 몇 차례 방문한 적이 있었고, 최근에 선교사님의 요청으로 아프리카 현지인 목회자 세미나 강사로 아프리카에 가서 한 주간을 함께 지냈습니다. 선교사님의 사역이 너무 중요하고, 감사하고, 자랑스럽게 느껴졌습니다.

'현지인 목회자 세미나'는 보다 효율적인 아프리카 선교를 위해 선교사님이 기획하고 진행 중인 불어권 아프리카 목사들을 위한 목회자 재교육 프로그램입니다. 사흘간 계속되는데 100-500명 정도의 현지 목회자들이 먼 지역에서 어렵게 와서 열정과 진지함으로 교육받는 것을 보며 많이 놀랐습니다.

이 세미나를 가능하게 만든 요인은 첫째, 선교사님이 직접 개척하여 현재까지도 담임목사로 사역 중인 교회가 1,000여 명이 출석하는 큰 교회로 부흥을 이룬 것입니다. 둘째, 카메룬에 정식 신학박사 학위까지 줄 수 있는 대표적인 신학대학을 설립한 것입니다. 셋째, 카메룬성결교회 총회를 조직하여 총회장으로 재임 중에 있으며 넷째, 아프리카 선교에 대한 통찰력과 열정, 그리고 사명감이 있고 마지막으로 선교사님의 유창한 불어 실력이라고 생각합니다.

이런 선교사님의 열매와 능력과 열정을 아프리카 목회자들이 알고 존경하고 닮고 싶은 마음으로 교통 여건 등 여러 악조건

속에서도 수많은 목회자가 모여드는 세미나가 가능하다고 생각하니 선교사님이 한없이 대단해 보이고, 더욱 자랑스럽습니다.

윤 선교사님을 오른손으로 붙드시어 오늘까지 멋있게 사용하신 하나님을 찬양합니다.

이번에 발간되는 '광야를 지나'를 통하여 기쁨과 보람도 누리며, 아프리카에도 더욱 큰 승리가 계속되기를 기원하는 마음으로 선교사님의 선교사역과 열정과 하나님의 도우시는 역사가 가득 담긴 귀한 책을 기꺼이 추천합니다.

# 아프리카 선교에 대해 궁금하신가요?

(사)AWMJ 대표 SHSM 대표 /안디옥교회 세계일주선교사
(사)KWMA 세계순회선교사 / 200개국 기독교지도자 선교대회 대표

신화석 목사

아프리카에 대하여 알고 싶으신가요? 아프리카 선교에 대하여 알고 싶고 더 잘 하고 싶으신가요? 그렇다면 무조건 이 책을 정독하시기를 추천합니다. 그 이유는?

첫째, 저자 윤원로 선교사는 지난 34년을 오직 아프리카 선교만을 위해 달려 온 선교 레전드이기 때문입니다.

둘째, 아프리카뿐 아니라 아프리카 선교의 최고 전문가인 저자의 아프리카 삶을 옮겨 놓은 책이기 때문입니다. 제가 선교의 효율성을 목표로 아프리카 전역을 탐방하기 위해 각 나라를 직접 방문하며 다닐 때, 윤선교사는 이 모든 나라의 디렉터를 맡아 많은 수고를 해주었습니다. 특별히 도착한 나라마다 사역 첫째 날은 각국의 역사, 문화, 정치, 사회, 경제, 교육, 종교, 그리고 기독교 및 선교에 대한 이해를 도울 자국의 전공 교수들을 초청하여 강의를 듣고 질의 응답하는 시간을 가졌습니다. 그 모

든 통역을 맡았던 윤 선교사는 이미 그의 30년이 넘는 아프리카 선교사로서 삶에서 뿐만 아니라 각 분야별 전문인을 통해 얻게 된 폭넓은 지식과 체험을 갖추게 된 아프리카 선교의 최고 전문가임에 의심의 여지가 없습니다.

셋째, 아프리카 불어권 각 나라 최고 지도자들뿐만 아니라 여러 나라 목회자들과의 폭 넓은 교류를 통해 얻게 된 정확한 정보들을 바탕으로 쓰여진 책이기 때문입니다. 저는 아프리카 나라들을 방문할 때마다 각 나라의 기독교 연합회 임원들, 교단 총회장들, 신학대학 학장들, 선교단체 대표 및 개교회 목회자들을 초청하여 하루 종일 강의한 후 질의응답을 하게 됩니다. 이때마다 윤 선교사는 탁월한 통역을 통해 아프리카 심층부까지 파헤칠 수 있는 자연스런 교제를 하게 되었습니다. 뿐만 아니라 방문이 끝난 후에도 계속 각 나라 별 '목회자 세미나'를 인도하고 그들과의 실질적 연대를 지속하면서 아프리카 나라들의 실제적인 교회 상황 및 정치 경제 사회 문화 여러 분야들에 대해 어느 누구보다 깊이 있고 폭넓은 지식을 갖고 있음이 자명한 일이 아닐 수 없습니다.

넷째, 불어권 아프리카 나라들을 방문하는 중 저는 각 나라마다 한국 선교사들도 초청해서 강의와 자유 토론을 하게 됩니다.

이 과정들을 통해 한국 선교와 한국 선교사들의 실제적 선교 현황 및 문제점들이 드러나게 되고 해결책을 모색하게 됩니다. 따라서 이 책은 선교사 지망생이나 선교를 꿈꾸고 있는 교회들에게 좋은 안내서가 될 것을 의심치 않습니다.

다섯째, 저자 윤원로 선교사는 선교 현장에서 유치원, 초, 중, 고, 대학을 세워 아프리카 미래를 이끌어 갈 바른 인재를 양성하는 교육자요, 낙후된 아프리카 의료 시스템으로 고통받는 아프리카인들을 위해 의대와 병원을 세우는 사랑의 실천자입니다.

여섯째, 저자는 30여년 동안의 선교관을 그의 논문 '아비론'에 담았습니다. 이 논문은 성경적이고도 독창적입니다. '아비론'을 바탕으로 한 그의 선교 전략은 풍성한 열매로 드려졌으며 이 풍성한 열매들의 이야기가 이 책을 재미로 가득하게 합니다.

아프리카를 알기 원하십니까? 아프리카 선교에 대해 궁금하신가요? 마음에 밀려드는 기쁨과 웃음과 평안을 경험하고 싶으신가요? 당신은 이 책을 읽는 내내 경이로운 새로운 세계를 경험하며 눈을 뗄 수 없을 겁니다. 이 책을 강력 추천합니다! 마라나타.

# 카메룬의 언더우드

서울신학대학교 명예교수, 전 총장
한영태 박사

한국교회 앞에 후진등이 켜졌습니다. 2000년 조금 전부터 노란색 주의등이 켜지더니, 2000년대 들어서면서부터는 빨간색 경고등이. 그러다가 약 10여 년 전부터는 후진등이 켜졌습니다. 엎친 데 덮친 격으로 코로나19 사태로 인하여 후진에 가속도가 붙는 상황이 되었습니다.

한국교회의 어려움은 즉각 해외 선교사들에게 영향을 미치고 있습니다. 선교지원비가 삭감되거나 축소되면서 선교사들의 사역이 위기에 처하게 되었습니다. 또한 선교사의 해외 파송도 줄어들고, 동시에 선교사 지원자도 줄어들고 있습니다.

위기는 기회라는 말이 있습니다. 교회사상 위기가 아니었던 적은 별로 없었고, 사실 교회는 위기에 더욱 빛을 발하고 성장하였습니다. 한국교회와 선교사들의 위기는 동시에 새로운 도약과 역동성을 회복하는 기회이기도 합니다, 이런 때일수록 새벽을 깨우는 닭 울음소리가 기다려지고, 앞장서서 나아가는 선구자가 기다려집니다. 이런 위기 속에서도 더욱 빛을 발하는 교회와 사역자들도 많이 있습니다. 윤 선교사도 그런 분 중의 한 사람입니다.

윤원로 선교사는 국내외의 어려운 형편 가운데서도 우뚝 서서 빛을 비추고 있는 분입니다. 아프리카 카메룬에서 37년간의 선교사역을 성공적으로 수행함으로써 현지인들에게 존경과 사랑을 받고 있습니다. 현지인 교회를 개척하여 1.000명이 넘는 큰 교회로 성장시켰으며, 그 교회에 정부 장관과 엘리트 지도자들이 출석하고 있습니다. 유, 초, 중, 고등학교를 설립하였을 뿐만 아니라, 의과대학과 병원, 신학대학을 설립하였습니다. 150여 곳에 현지인 교회를 설립하여 카메룬에서 굴지의 교단으로 성장시켰습니다.

카메룬을 방문해 본 사람은 누구나 윤 선교사의 업적에 입을 다물지 못합니다. 윤 선교사의 수고와 업적은 연세대학교에서 '언더우드 선교대상'을 받게 하였고, 서울신학대학교에서는 명예신학박사 학위를 수여함으로 그의 성공적인 사역을 인정하고 축하하였습니다. 그는 '카메룬의 언더우드'라고 할 수 있습니다.

19세기를 '위대한 선교의 세기'라고 하는데, 이때 세계선교의 주역은 미국이었습니다. 20세기 후반부에 세계선교의 주역은 한국교회였습니다. 그런데 21세기 들어서면서 찬사가 걱정으로 바뀌었습니다.

　　위기일수록 원칙으로 돌아가야 하고, 위기를 극복한 선례를 찾아서 따라야 합니다. 윤 선교사는 위기의 한국교회와 선교에 이러한 모범(선례)을 보여주고 있습니다. '이렇게 살고 이렇게 일하면 된다'는 메시지를 주고 있습니다. 이 책에서 독자들은 그러한 메시지 즉 하나의 해답을 발견할 수 있을 것입니다.

# 주님과 함께 걸었던 선교이야기

만리현교회 원로목사
(사) 러브아프리카 이사장

이형로 목사

　　몇 년 전 카메룬복음신학대학 학장과 이사장으로 섬기고 있을 때, 신학대학 졸업식, 목사안수식, 기숙사 기공식을 위해 카메룬을 방문한 적이 있었습니다. 아프리카로 가는 길을 준비할 때 황열병 주사 등 여러 가지 예방주사를 맞으며 선교의 길은 시작부터 위험한 길임을 직감하게 되었습니다, 선교사님들은 그 위험한 곳에서 사역하고 있음을 깨닫고 많은 중보가 필요함을 깨닫게 되었습니다. 카메룬에 도착하여 여러 번 예배에서 설교를 했는데, 별로 반응이 없어서 힘들었으나 문화차이라고 생각했습니다. 그런데 주일예배에 윤원로 선교사님이 설교를 통역했는데 우리나라에서보다 더 뜨겁게 아멘 하기도 하고 웃기도 하며 반응했습니다.

　　저는 불어를 모르지만 윤원로 선교사님이 불어에 능통하기에 현지인들과 막힘이 없이 하나님의 말씀을 소통하겠구나 느끼게 되었습니다. 특별히 감동적이었던 것은 그들의 찬양이었습니다. 손으로 북을 치면서 찬양하는데 너무 은혜스러워 예배 후 악보를 구하려고 했는데 악보가 없다는 것이었습니다.

저는 그때 그들의 예배에서 요한계시록 4장과 5장에 나오는 천상 예배의 광경을 보는 듯 했습니다. 선물로 북을 받아가지고 왔습니다. 지금도 그 북을 볼 때면 예배가 어떠해야 하는가를 되새겨봅니다. 저는 그때 생각했습니다. '우리가 그들에게 복음을 전하고 있지만, 우리의 예배가 그들의 미래가 되어야 하는가, 아니면 그들의 예배가 우리의 미래가 되어야 하는가?' 저는 그때 모든 선교의 기본자세는 겸손이어야 함을 뼈저리게 깨닫게 되었습니다.

# 감사의 글

주님을 만난 지 48년, 선교사로 헌신한 지 37년이 되었다. 목사가 될 생각이 전혀 없던 사람이 목사가 되고, 선교사가 될 상상조차 하지 않던 사람이 선교사가 되었다. 선교사로서의 사역을 마무리할 시간이 다가오면서 지나온 삶을 되돌아보니 "사람이 마음으로 자기의 길을 계획할지라도, 그의 걸음을 인도하시는 이는 여호와시니라"(잠언16:9)는 고백이 절로 나온다.

한국교회와 선교사들을 위해 선교사로서의 경험을 글로 남겨야 한다는 여러 분의 권고가 있었으나 차일피일 미루다 용기를 내어 글을 쓰게 되었다. 둘로스 배를 타고 감비아에 갔을 때 그곳에 있던 선교사에게 "선교가 무엇인가요?" 물었을 때 "이곳에 사는 것이 선교지요."라는 대답을 듣고 이해가 되지 않았는데 지금은 그 뜻이 이해된다. 아프리카 땅을 떠나지 않고 40년 가까이 산 것 자체가 선교다. 아프리카에서 오랜 기간 살아낸 선교사의 흔적이 누군가에게 작은 격려가 될 수 있다면 감사할 뿐이다.

너무도 부족한 사람이 아프리카에 살면서 여러 교회와 성도들에게 많은 사랑의 빚을 지게 되었다. 아프리카 선교를 위해 지금까지 기도하고 후원해 준 교회들에 마음 다해 감사드린다. 사랑으로 섬겨준 '아프리카70인 기도모임'과 사단법인 '러브아프리카'에 감사드린다. 아프리카에서 함께 동역해준 선교사들에게 감사드린다. 담임목사의 비전을 전적으로 따라준 카메룬 선교센터 현지인 목회자들과 교인들에게 감사드린다. 늘 기쁨으로 섬겨주시고 이 책이 출간되도록 도와주신 미성문화원 장시왕 사장님께 고마운 마음을 전한다. 그리고 아프리카 땅에서 불평하지 않고 함께 살아준 가족에게 고맙다는 말을 하고 싶다.

좋은 분들을 주위에 둔 나는 참으로 행복한 사람이다. 주님으로 인해 만난 많은 분 덕분에 나는 오늘도 행복한 아프리카 선교사로 살아가고 있다.

CONTENTS

# 1부

# 오, 아프리카!

사람이 마음으로 자기의 길을 계획할지라도
그의 걸음을 인도하시는 이는 여호와시니라 (잠언16:9)

# 터닝 포인트

  고3 가을 어느 날 저녁 대학입시 준비를 하다가 잠시 바람을
쐬러 나갔는데 인근 교회의 부흥회 포스터가 눈에 들어왔다. 강
사는 욕쟁이 목사로 잘 알려진 분이다. 목사는 어떻게 욕을 할
까 하는 호기심으로 교회로 갔다. 한 할머니가 설교 중에 잠을
이기지 못하고 졸았나 보다. 목사가 그 할머니에게 손가락질을
하며 "하나님 말씀을 전하는데 조는 것들은 시뻘건 연탄집게를
두 콧구멍에 찔러 넣어야 돼!"라고 험한 말을 하는 것을 듣고
충격을 받았다. 그 목사의 설교 중에 지금까지 기억에 남은 것
은 그 욕설뿐일 정도로 그날 아무런 감동도 받지 못했다.

  그런데 설교가 끝나고 기도하는 시간에 이해하지 못할 일이
일어났다. 갑자기 눈에서 눈물이 흘러내리는 것이었다. 나는 고
등학교 1학년 때 가족들 중에서 혼자 교회에 나가기 시작은 했
지만 교회에 푹 빠지는 것을 경계하였다. 소리 내어 울며 기도
하고 박수 치고 찬송 부르며 요란하게 믿는 것을 좋아하지 않았
다.   그런데 갑자기 눈에서 눈물이 흐르니 몹시 당황스러웠다.

눈물을 닦으며 절제하려고 애를 썼으나 집회가 끝나기까지 눈물이 멈추지 않았다. 집회가 끝나고 모든 사람이 돌아가고 불이 꺼진 후에도 나는 캄캄한 예배당에 혼자 남아 울고 있었다.

얼마를 울었을까 갑자기 어두운 예배당 강단에 대낮같이 환한 빛이 비춰더니 화면들이 잠시 나타났다가 지나갔다. 그 화면에는 세상에서 하고 싶은 일들이 나타났다가 사라지기를 계속했는데, 맨 마지막에 선명한 화면이 나타나 멈췄다. 주께서 나를 향해 두 팔을 벌리고 서 계셨다. 아무 말씀도 하지 않았으나 "세상을 따르지 말고 나를 따르라."고 부르시는 것 같았다.

예배당 밖으로 나가니 이미 밤이 깊었다. 그런데 걸음을 내디딜 때마다 출렁다리를 건너듯 땅이 출렁거렸다. 주위의 나무들은 두 손을 벌려 나를 환영하였고, 하늘의 달과 별들은 나를 위해 축가를 부르는 듯하였다. 온 우주가 창조주 하나님의 자녀 된 나를 기쁨으로 환영하는 듯하였다. 집에 도착하자마자 성경을 펴들고 읽기 시작하였다. 겨울방학이 시작되자 두문불출하며 미친 듯이 성경을 읽었다. 잠과 식사도 종종 거르며 매일 열다섯 시간 이상 성경을 읽었다. 처음 읽어보는 성경이 꿀처럼 달았고, 머리에 쏙쏙 들어왔다.

목사님께 내게 일어난 일을 말씀드리니 신학교에 가라고 하셨다. 신학교란 말을 처음 들어본 터라 새로 생긴 학교인가 생각하여 "신학교가 어떤 학교인가요?"라고 여쭤보았다. "신학교는 목사가 되기 위한 학교라네. 윤 군은 학자가 되고 싶나, 아니면 목사가 되고 싶나. 학자가 되려면 광나루 신학교에 가고, 목사가 되고 싶으면 서울신학교를 가게."라고 하시기에 "저는 목사가 되고 싶습니다."라고 대답하였다.

갑자기 신학교에 간다니 집에서는 미쳤다며 난리가 났다. 그래도 고집을 꺾지 않고 신학교 시험을 보게 되었다. 후에 예수 믿고 권사가 되신 어머니가 "윤 목사가 신학교 시험 보던 날 시험에 쭈욱 미끄러지라고 기름을 듬뿍 넣어 계란프라이를 하고 미역국을 끓여 주었다."고 고백하셨다. 그래도 나는 당당히 합격하였다. 당시 신학교 지원자가 정원에 미달했기 때문이다.

1973년 가을은 내 인생의 터닝 포인트다. 그동안 주님을 모르고 지나간 18년의 긴 세월이 너무도 아까워 한참을 통곡하였다. 그날을 기점으로 나는 새사람이 되었다. 내 인생 시계는 이전의 삶과 180도 다른 방향으로 새로운 출발을 시작하였다. 그날 이후로 죽음의 생각에 사로잡혀 절망하던 삶이 소망이 넘치는 삶으로, 꿈과 목표가 없던 삶이 하나님이 주신 비전을 향해 달려가는 삶으로, 평범한 삶이 특별한 삶으로 바뀌었다, 그날부터 나는 푯대를 향하여 힘찬 질주를 시작하였다.

그런즉 누구든지 그리스도 안에 있으면 새로운 피조물이라.
이전 것은 지나갔으니 보라 새 것이 되었도다. (고린도후서5:17)

## 둘로스

　신학생 때 영어도 배울 겸 '외항선교회'와 함께 인천항에 들어오는 선박에 올라가 외국 선원들에게 전도하는 일을 도왔다. 그때 전 세계를 항해하며 선교하는 OM선교회 소속 '둘로스호'에 대해 듣게 되었다. 둘로스는 40여 나라에서 온 300여 명의 젊은이들이 함께 생활하는 6,700톤의 선박이다. 갑판 위에는 대형 서점이 있어 수 만권의 책을 전시하고 방문객들에게 판매한다.

선실은 세 개 층으로 세미나실과 식당, 미니 도서관과 병원과 그리고 작은 방들이 있다. 둘로스는 이동하는 작은 마을이다. 둘로스에서는 세계 각국에서 온 멤버들의 공용어로 영어만 사용해야 했다. 둘로스에서 생활하는 선장, 기관장, 의사, 교사, 요리사는 모두 월급을 받지 않고 오히려 매달 생활비를 낸다. 그리고 각자에게 필요한 생필품 구입을 위해 매달 10불의 용돈을 받는다. 식사와 숙소는 제공되지만 생필품은 각자 해결해야 하므로 월 10불로 생활하기란 쉽지 않은 일이다. 10불도 한 번에 주는 것이 아니라 재정이 어려울 때는 두세 차례에 나눠서 준다. 매달 방송을 통해 용돈을 찾아가라는 소식을 들을 때면 멤버들은 좋아서 환호성을 지르며, 길게 늘어진 줄에 서서 용돈으로 무엇을 할지 소박한 계획들을 나누곤 한다.

둘로스에는 찰리라 부르는 작은 방이 있다. 찰리에는 방문한 지역의 크리스천들이 보내온 중고 옷가지, 신발, 벨트, 모자 등이 있다. 찰리에 가서 각자 자기 사이즈에 맞는 것을 찾아 갖는 것이 멤버들의 기쁨이다. 캐빈이라 부르는 가족 숙소는 간신히 침대 하나 들어가는 세평 정도의 크기다. 둘로스에서 멤버들은 가진 것 없이 사는 법을 배운다. 먹을 것과 입을 것이 있으면 족하다는 자족하는 삶을 배운다.

둘로스 멤버는 하루 여덟 시간 일해야 한다. 선장, 의사, 교사, 요리사는 그들의 전문분야에서 일한다. 하지만 목회자는 전문직으로 분류되지 않아 어떤 일이든 해야 한다.

나는 처음에 서점에서 일하게 되었다. 바닥을 청소하고 책을 정리하고 판매하는 일이다. 아내는 화장실 청소를 맡았는데 이 일은 반나절만 하면 되는 좋은 일자리로 남들의 부러움을 샀다. 서점에서 8개월 일한 후 주방으로 발령이 났다.

둘로스 리더십은 한국 목회자들이 대우 받는데 익숙하고 섬기는 면이 약하다는 사실을 잘 안다. 그래서 한국 목회자들에게 반드시 주방 일을 시킨다는 말을 들었다. 주방에서 일하라는 통보를 받은 나는 큰 충격을 받았다. 남자는 부엌에 들어가면 안 된다는 교육을 받고 자랐는데 주방이라니! 신학을 공부한 목회자에게 주방으로 가라니 너무 심하다는 생각이 들었다. 디렉터에게 찾아가서 내 생각을 말하고 주방만은 갈 수 없다고 했더니 아무 말 없이 서점에서 일하도록 내버려 두었다. 서점에서 일하면서 마음이 편할 리 없었다. 둘로스에서는 리더십에 철저히 순종하는 것이 불문율이기 때문이다. 그렇게 한 달을 서점에서 일하다가 디렉터에게 주방으로 가겠다고 하니 그는 웃으면서 "다니엘(내 영어이름이다) 형제, 잘 결정했습니다. 하나님이 축복하실 것입니다"라고 격려해주었다.

하루 세 끼 수백 명의 식사를 준비하는 것은 매우 고된 일이다. 요리하는 열기로 가득한 주방은 한증막 같아 땀이 줄줄 흘러내린다. 주방보조로서 하는 일은 여러 포대의 쌀을 씻고, 감자와 홍당무 등 요리재료를 씻고, 썰고, 설거지하고, 주방 바닥 청소를 하는 등 고된 일이다. 그중에서도 양파 써는 일은 너무 고통스럽다. 수백 개의 양파를 기계에 넣고 썰 때 나오는 매운 향은 최루탄을 맞은 것처럼 눈을 쓰라리게 한다. 하루는 양파 깎는 기계에 왼손 검지가 잘려 수술을 받아야 했다. 양파를 썰 때마다 많은 눈물이 흘러내렸다. 눈물과 함께 나의 모난 부분도 조금씩 양파처럼 깎여나갔다.

둘로스 멤버는 대부분 십 대와 이십 대 젊은이다. 나이 삼십에 둘로스를 탄 나보다 나이 많은 사람은 10%를 넘지 않았다. 한창때의 젊은이들이 두 해 동안 같은 공간에서 살다 보니 남녀

문제가 생기는 것은 당연하다. 남녀문제를 잘 다루지 못하면 둘로스에 지장을 줄 수 있기에 리더십은 이 부분에 매우 신중하게 대처한다. 남녀는 한 시간 이상 대화하면 안 되고, 열린 공간에서만 함께 있을 수 있으며, 외출할 때는 반드시 제삼자가 동행해야 한다. 남녀가 서로 사귀기를 원하면 리더십에 알려서 허락을 받아야 한다. 리더십은 남녀의 국가와 문화와 나이와 성격 등을 고려해서 허가 여부를 신중히 결정한다. 허가의 결정이 나면 공개적인 광고가 나간다. "A형제와 B자매는 오늘부터 공식적으로 사귀는 것을 허가한다." 이 허가를 특별허가(Special Permission)라 하고 첫 글자를 따서 SP라 부른다. SP를 얻은 남녀는 두 시간까지 대화할 수 있고, 단둘이 외출하는 특권이 주어져 멤버들의 부러움을 산다.

둘로스에는 다양한 전도 팀이 있다. 사람들을 배로 초청하여 세미나와 행사를 통해 전도하는 팀, 어린이 전도팀, 학교를 방문하여 전도하는 팀, 노방 전도팀, 주변 마을에 가서 전도하는 팀, 대학생을 전도하는 등 다양한 팀이 있다. 주방에서 네 달 일한 후에 대학 전도팀 책임자로 발령받은 나는 뛸 듯이 기뻤다.

둘로스는 네 대의 미니버스를 보유하고 있다. 이 버스들이 전도팀을 태우고 마을과 교회와 학교로 이동하며 전도를 한다. 둘로스 버스를 운전하려면 둘로스에서 주는 운전면허를 받아야 한다. 한국에서 봉고차를 몰고 다니던 나는 쉽게 생각하고 면허 시험을 봤는데 운전대가 오른편에 있고 반대차선으로 가는 것이 헷갈리는 바람에 떨어지고 말았다. 그래서 버스가 나갈 때마다 운전자를 구하는 불편을 겪어야 했다. 일 년 동안 대학 전도팀을 맡아, 가는 나라마다 대학 총장을 만나고, 대학생들에게 복음을 전한 것이 후에 카메룬에 선교사로 가서 대학생 사역을 하는데 큰 도움이 되었다.

## 부르심

대학원 당시 나는 불광동에 있는 교회 사택에 살았고, 담임목사는 교회에서 떨어진 연희동에 살았다. 그러다 보니 새벽기도는 주로 전도사인 내가 인도하게 되었다. 신학교를 오가는 데만

세 시간이 걸리고, 신학교 과제물과 새벽기도 말씀을 준비하고 나면 자정이 되어야 잠자리에 드니 늘 수면 부족에 시달렸다. 어느 날 새벽 여전도사가 방문을 세차게 두드리며 나를 깨웠다. "전도사님, 새벽기도 시간 되었습니다." 놀라서 벌떡 일어나 나가 말씀을 전하는데 발이 시려웠다. 양복에 넥타이는 매었는데 추운 겨울에 맨 발이었다. 3년간 밤낮 쉬지 못하고 일하다 보니 젊은 나이에 탈모가 시작되었다.

열심히 일한 전도사가 기특했던지 대학원을 졸업하니 담임목사께서 파격적인 제안을 하셨다. 3년간 전액 장학금으로 도와줄 테니 미국에 유학 가든지, 목회하고 싶으면 성전 건축을 해주겠다는 것이었다. 유학은 당시 신학생들의 로망이었고 20대에 성전을 건축하고 담임목사 하는 것도 꿈같은 일이었다. 그러나 나는 목사님께 지금도 이해되지 않는 엉뚱한 제안을 하였다. "목사님, 둘로스를 타고 싶으니 후원해 주세요."

둘로스를 타겠다는 예상치 못한 제안을 들은 담임목사는 쾌히 승낙하셨고, 교회에서 2년간 후원하기로 약속해주셨다. 둘로스를 타기로 한 것은 선교사가 되려는 생각에서가 아니라, 유럽 및 아프리카 20개국을 구경하고 한국에서 넓은 시야로 목회를 하자는 생각에서였다.

80년대는 해외여행이 제한받던 시기여서 여권 발급이 상당히 까다로웠다. 둘로스를 타려는 우리는 여권 발급을 위해 금식하며 기도하였고, 몇 달 후 어렵게 여권이 나오게 되자 감격 속에 "축 여권발급 감사예배" 현수막을 걸고 예배를 드렸다. 그처럼 어렵게 받은 여권으로 생애 처음 비행기를 타고 태국 방콕에 도착하였다. 호텔에 짐을 풀고 OM 본부가 있는 독일행 비행기를 타기 전에 약간의 시간 여유가 있어 시내 관광을 하였다. 처음 보는 이국 풍경이 너무도 신기하고 재미있어 시내 구경에 정신이 팔려 다리 아픈 줄 모르고 다니다 숙소에 돌아오니 소지했던 여권이 보이지 않았다. 오던 길을 되돌아가며 잃어버린 여권을 찾아봤지만 거리의 수많은 인파 행렬 가운데서 여권을 찾는 것은 불가능한 일이었다. 밤새 걱정하다가 다음 날 대사관에 찾아가 사정 얘기를 하니 담당자가 "북한 공작원들이 한국 여권을 입수해 사용하는 사례가 빈번하므로 여권을 분실하면 임시여행증을 받아 즉시 한국으로 가야 한다."고 알려주었다. 눈앞이 캄캄하고 허망하였다. 이제 유럽과 아프리카 여행은 물 건너간 것이다. 공항에서 큰 꽃다발을 목에 걸고 한복을 차려입은 여전도 회원들의 환송을 받으며 거창한 파송식을 하고 출국한 지 불과 며칠 만에 되돌아가서 그들을 만날 생각을 하니 몹시 난감하였다. 그러나 '내가 언제 다시 해외에 나올 수 있을까 이왕 이렇게 된 거 오늘 실컷 관광하고 내일 돌아가자'하고 편히 마음먹기로 하고 코끼리 쇼도 보고 장미공원도 보면서 길을 가는데 한 여인이 멀리서 나를 향해 손을 흔드는 것이 보였다. 그 태국 여인의 손에는 분실한 여권이 들려있었다. 도저히 믿을 수 없는 일이었다. 수많은 인파 속에서 그 시간 그 장소에서 나를 발견하여 여권을 돌려주다니. 이것은 영화에서나 볼 수 있는 장면이었다. 만일 그때 여권을 찾지 못했다면 나는 선교사가 되지 않았을 것이다.

둘로스는 유럽 여러 나라를 거쳐 아프리카로 갔다. 둘로스를 타고 방문한 아프리카는 상상을 뛰어넘는 고통의 땅이었다. 척박한 환경에서 살아가는 깡마르고 헐벗은 아이들. 쓰레기통을 뒤져 허겁지겁 허기를 채우는 그들을 보면서 울컥 하며 긍휼한 마음이 생겼다.

그때부터 나는 소망 없이 살아가는 이들에게 예수로 인한 소망이 절실함을 깊이 느끼게 되었다. 한국에 돌아가면 목회를 잘해서 아프리카 땅에 많은 선교사를 파송해야겠다는 생각을 품게 되었다. 그러나 마음에 평화가 없었다. 마음 한구석에서 '너 자신은 아프리카에 선교사로 오기를 싫어하면서 남을 보내려 하느냐'는 음성이 들려왔다. 하지만 스스로 '나는 선교사 체질이 아니야. 언어도 안 되고, 음식도 가리고, 더위에도 약하고, 성격도 내성적이라 선교사를 할 수 없어. 부족한 내가 혼자 와서 선교하는 것보다 큰 교회를 목회하여 많은 선교사를 파송하고 후원해 주는 것이 더 효과적이야'라는 핑계를 댔다. 그래도 여전히 마음에 평화가 없어 괴로워하며 여러 날을 보내다가 마침내 이런 기도를 하게 되었다. '주님, 제가 스스로 아프리카에 와서 사역할 마음은 없습니다. 그러나 주께서 제가 아프리카에 와서 사역하기를 원하신다면 마게도냐 사람의 환상을 통해 바울을 부르신 것처럼, 특별한 방법으로 불러주세요. 그러면 순종하겠습니다' 이렇게 기도하고 나니 마음에 평화가 찾아왔다.

둘로스는 드디어 카메룬의 항구도시 두알라에 도착했다. 카메룬은 나의 마지막 행선지였다. 2년간의 유럽과 아프리카 일정을 카메룬에서 마치고 하선하여 비행기로 한국에 돌아갈 예정이었다. 둘로스가 카메룬에 도착한 다음 날 한국인 부부가 찾아와 나를 보더니 "전도사님, 카메룬에 오신 것을 환영합니다. 카메룬에 선교사로 오세요."라고 초청하였다. 그 부부에게 "한국에 돌아가면 목회를 열심히 하여 아프리카로 선교사를 파송할 계획을 갖고 있어요"라고 했더니 "우리 부부가 3년 넘게 카메룬에 한국 선교사를 보내 달라고 기도해 왔습니다. 전도사님이 이곳에 오신 것은 우리 부부의 기도 응답입니다. 반드시 카메룬에 선교사로 오셔야 합니다. 왜 이곳에 오신 전도사님은 돌아가고 다른 분이 와야 합니까?"라며 간청하였다. 그 부부가 여러 날을 찾아와 간청하던 순간 특별한 방법으로 불러주면 아프리카 선교사로 오겠다고 기도한 것이 생각났다. 그 부부는 아프리카 선교사로 부르시기 위한 하나님의 특별한 사인, 즉 나에게 주어진 마게도냐 환상이었다. 주께서 갑자기 목회자로 부르시더니 또한 갑자기 선교사로 부르셔서 아프리카 선교사의 첫발을 내딛게 되었다.

사람이 마음으로 자기의 길을 계획할지라도
그의 걸음을 인도하시는 이는 여호와시니라 (잠언16:9)

# 광야

한국에 돌아온 뒤 한 해 동안 준비하여 카메룬에 선교사로 왔
다. 그리고 둘로스가 정박했던 항구도시 두알라에 집을 구했다.
카메룬에서 시작하는 선교사의 삶은 예상을 뛰어넘는 힘든 삶
이었다. 두알라의 무더위는 대단해서 가만히 있어도 온몸에서
땀이 줄줄 흘러내렸고, 매일 땀에 젖은 몸은 땀띠로 뒤덮였다.
가려움을 견딜 수 없어 긁으니 온몸에 상처가 생기고 상처 위로
땀이 흐르니 쓰라려서 앉고 눕는 것마저도 고통스러웠다. 더위
때문에 매일 여러 차례 샤워를 하지만 그 순간뿐이었다. 더위와
의 싸움이 모든 의욕을 빼앗아갔다.

집에는 도마뱀, 바퀴벌레, 노린내, 파리, 모기, 거미, 각종 벌
레와 쥐들이 활보하였다. 문을 여닫다 보면 도마뱀이 문틈에 끼
어 죽곤 하였다. 하루는 모기장 안에 들어온 쥐가 잠든 아내 손
가락을 깨물어 피가 방바닥에 떨어지는 황당한 일이 생겼다. 불
을 켜자 공포감에 사로잡힌 쥐가 밖으로 나가지도 못하고 모기
장 안을 빙빙 돌며 폴짝폴짝 뛰었다. 어느 날은 아들이 배가 아

프다며 고통을 호소하기에 배를 보니 누렇게 곪아있었다. 종기인 줄 알고 짜는 데 터지지 않았고 아이는 아프다고 비명을 지르며 발버둥을 쳤다. 두 사람에게 아이의 팔다리를 잡게 하고 힘주어 짜니 퍽 소리와 함께 허연 물체가 꿈틀대며 나오는데 구더기였다.

열대과일인 망고 철이 되면 코끝이 망고처럼 노란 파리가 날아다닌다. 망고 파리는 집 안이나 널어놓은 옷 등 도처에 알을 낳는데 알이 인체에 접촉되면 피부에 들어가 부화가 되어 구더기가 된다. 말라리아는 우리 가족을 수시로 괴롭혔다. 40도 넘는 고열에 시달리다 보면 의식이 몽롱한 상태가 되곤 하였다. 머리가 뻐개지는 것 같은 두통과 속이 뒤틀리고 쑤시는 복통이 지속될 때는 "주여, 차라리 데려 가세요"라는 기도가 절로 나왔다.

현재에도 말라리아는 아프리카에서 사망원인 1위다. 어느 날 극심한 말라리아로 입이 돌아가고 의식을 잃는 상황에 이르렀고, 카메룬에 오자마자 남편을 잃게 된 아내는 통곡하였으나 주의 은혜로 살아났다. 말라리아로 몇 주 동안 심하게 앓고 나면 모든 의욕이 상실되고, 체력도 급속히 떨어졌다.

설상가상으로 석 달 동안 선교비가 한 푼도 오지 않아 집에 남은 것이라곤 쌀과 간장뿐이었다. 밥에 간장을 비벼 먹는 일상이 계속되었다. 딸아이 돌이 되었으나 돌상을 차릴 돈은 물론이고 필름 한 통 살 돈이 없어 딸은 돌 사진이 없다. 부탁하면 도움을 줄 사람들이 주위에 있었지만 그러고 싶지 않았다. 당장 먹을 것이 없음에도 이상하게 마음은 평안하였다. 카메룬에 보내신 하나님이 굶겨 죽이려고 보내실 리는 없을 것 같았다. 마지막 남은 쌀마저도 떨어진 날 아침, 아내와 두 아이를 앉혀놓고 참담한 심정으로 금식을 선포하였다. 그런데 금식을 선포한 지 불과 한 시간 후에 집사님 한 분이 집에 찾아와서 "목사님, 태국에서 좋은 쌀을 실은 배가 들어왔어요. 사람들이 모여들어 쌀을 사느라고 난리예요. 목사님도 한 포대 사시겠어요?"하기에 지체하지 않고, "집사님, 마침 잘됐네요. 한 포대 가져다주세요. 돈은 나중에 찾는 대로 드리겠습니다"라고 하여 쌀 문제는 일단 해결되었다.

그즈음 둘로스가 세네갈에 정박 중일 때 만난 김 상무가 시장 조사차 카메룬에 왔다가 내 소식을 듣고 찾아왔다. 김 상무는 너무 반가워하며 두알라에서 제일 좋은 호텔로 우리 가족을 초

대하였다. 막상 약속 시간이 되어 호텔로 가려니 차비가 없었
다. 날은 어두워지고 호텔은 멀어 두 살, 한 살짜리 아이들을 데
리고 걸어가기는 무리였다. 그래서 호텔에 가는 것을 포기하려
는데 아내가 "목사님이 약속했으면 지켜야지요. 아니면 약속
을 하지 말든지."라며 방에 들어가 아이들의 새 옷을 들고 나가
더니 택시를 세워 기사에게 "차비가 없으니 옷을 받고 태워 달
라."고 사정하였다(카메룬에는 공용버스가 거의 없고 택시를 대중교통
으로 이용한다). 외국 여자가 차비가 없다고 사정하니 불쌍했던지
기사는 택시비 대신 옷을 받고 우리를 호텔에 태워다주었다.

매일 밥에 간장만 비벼 먹던 우리 가족은 오랜만에 오성 호텔
에서 맛있는 음식을 배불리 먹었다. 신이 난 아들이 "아빠, 우
리 매일 이렇게 먹어요." 하기에, "그래 그렇게 하자"고 했으
나, 식사하면서도 집에 돌아갈 일이 걱정이었다. 식사를 마친
후, 두툼한 선물 보따리 두 개까지 받아들고 호텔 로비를 나가
니 콜택시가 대기하고 있었다. 김 상무가 문을 열어주는 택시에
타고 "선교사님, 안녕히 가세요."라는 인사를 받으며 택시는 어
둠 속으로 떠났다.
택시가 호텔을 벗어났을 때 기사에게 택시비가 없다고 사정

얘기를 하니, 그는 알아듣지 못하는 언어(아마도 불어일 것이다)로 언성을 높여 화를 내더니 택시를 되돌려 호텔 앞에 우리를 내려놓고 떠나가 버렸다. 밤은 깊었고, 아이들은 어린 데, 두 개의 선물 보따리까지 있었다. 밤길에 아이를 들쳐 엎고, 짐을 들고 걸으니 너무 힘들었다. 할 수 없이 지나가는 택시를 세워 기사에게 차비가 없어 선물 보따리 두 개를 줄 테니 집까지 태워다 달라고 사정하여 겨우 집으로 돌아갈 수 있었다.

무더운 두알라 거리를 걸으면 땀이 비 오듯 쏟아졌다. 걷다가 적도의 태양열에 기진맥진할 때는 "시원한 음료수 한 병 마실 돈만 있다면"하는 노래가 절로 나왔다. 어느 날 집에 돌아와 샤워하려는데 바지에서 바스락하는 소리가 났다. 확인해 보니 뒷주머니에 이천 원이 들어있었다. 몇 달 만에 보는 돈이 너무 반가워 눈물이 핑 돌았다.

하나님은 3년간 광야에서 여러 가지 훈련을 시키셨다. 더위와 풍토병과 재정적인 훈련을 통해 나를 낮추시고 하나님만 의지하게 하셨다. 광야훈련을 통해 현지인들이 겪는 질병과 배고픔과 고통을 골고루 겪게 하심으로 아프리카 선교사로 만들어가

셨다. 그렇게 나는 조금씩 선교사 체질로 바뀌어 갔다

네 하나님 여호와께서 이 사십 년 동안에
네게 광야 길을 걷게 하신 것을 기억하라
이는 너를 낮추시며 너를 시험하사 네 마음이 어떠한지
그 명령을 지키는지 지키지 않는지 알려 하심이라.
너를 낮추시며 너를 주리게 하시며 또 너도 알지 못하며
네 조상들도 알지 못하던 만나를 네게 먹이신 것은
사람이 떡으로만 사는 것이 아니요
여호와의 입에서 나오는 모든 말씀으로 사는 줄을
네가 알게 하려 하심이니라 (신명기8:2-3)


## 기다림


　광야훈련 가운데 가장 힘든 것은 기다리는 훈련이었다. 카메룬 정부에 제출한 선교부 등록서류는 실무책임자인 내무부 정치국장 에쑤세 박사에 의해 그 자리에서 거절당했다. 그는 "카메룬 교회들이 너무 많은 문제를 일으켜 내가 교회 장로로서 사명감을 가지고 신생 교회의 인가를 10년째 틀어막고 있다"고

하였다. 그는 대학생선교회(CCC)도, 예수전도단(YM)도, 독일 선교부도 자신이 인가를 거부했다고 단호한 입장을 밝혔다. 두 달 간 매일 그의 사무실로 출근하여 설득하였다. 면담을 거부하는 그의 사무실 앞에 온종일 서서 무작정 기다리니 그는 버럭 화를 내거나, 투명인간 취급을 하였다. 그것은 끝없는 인내와 겸손을 요구하는 일이었다. 그럼에도 불구하고 포기하지 않고 날마다 그의 사무실 앞으로 출근하였다. 그렇게 두 달이 지난 후 에쑤세 박사가 나를 사무실 안으로 들어오라고 하더니 "목사님 정말 집념이 대단하십니다. 목사님의 태도를 보니 카메룬에서 문제를 일으킬 것으로 보이지 않습니다. 부디 카메룬 교회에 본이 되는 교회를 세워주십시오."라고 당부하며 선교부 등록서류에 사인하였다. 그토록 부정적이던 그의 태도가 바뀐 것은 기적이었다.

그러나 서류가 내무부 정치국을 통과한 것은 시작에 불과했다. 갈수록 첩첩산중이었다. 내무부를 거쳐 대통령궁으로 발송된 서류는 그곳에서 2년을 더 기다려야 했다. 거의 매일 서류가 있는 부서의 담당자들을 찾아다니며 사정하고, 설득하였다. 어렵게 장관들을 만난 것만도 13번이고 안기부장, 정보국장, 시장, 그 외의 실무책임자들을 만난 횟수는 헤아릴 수도 없다. 날마다 공무원들과 씨름하며 3년이 지났으나 선교부인가는 일말의 희망도 보이지 않았다. 먼 산의 뜬구름을 잡으러 이리저리 뛰어다니는 막막한 심정이었다.

선교부 인가가 안 되니 비자가 만료될 때마다 이웃 나라, 적도 기니와 차드로 나가서 비자를 받아, 다시 되돌아오기를 반복하였다. 어린 두 아이를 데리고 기차 타고 버스 타고 또 다른 버스로 갈아타고, 오토바이 뒤에 실려 네 차례 갈아타며 2,000km 넘는 카메룬 북부의 광야를 통과해 이웃 나라 차드로 오갈 때는 갈 바를 알지 못하고 무작정 떠난 아브라함의 심정이 이해되었다. "주님, 도대체 왜 저를 카메룬에 부르셨습니까? 왜 이곳에 오기 싫다는 저를 기어코 부르셔서 이 고생을 하게 하십니까?" 하는 원망이 절로 나왔다. 그러나 하나님은 이 과정을 통해 카메룬보다 차드에 선교부인가를 먼저 허락하셨고, 차드 선교의 문을 열어주셨다.

파송 후 3년이 넘도록 카메룬에 정착하지 못하고 이웃 나라로 들락거리며 고생하는 것을 보다 못한 교단 선교국장이 체류

허가를 받을 수 있는 이웃 나라로 선교지를 이동하든지, 카메룬에서 철수하여 귀국하라는 공문을 보내왔다. 공문을 받아든 기분이 참 묘했다. 한 편으로는 모든 고생을 접고 귀국할 수 있으니 속이 다 후련했고, 다른 한 편으로는 3년간 모진 고생만 하고 아무런 성과 없이 돌아가는 것이 너무 억울했다. 이처럼 심한 고생만 시키다가 귀국시키려고 하나님이 카메룬에 부르신 것인지 도무지 이해가 되지 않았다. 하여튼 귀국할 짐을 꾸려야 했다.

짐을 꾸리는데 전화벨이 울렸다. 대통령이 어제 선교부인가 서류를 재가했으니 내일 아침 서류를 찾으러 대통령궁으로 오라는 전화였다. 그날이 1991년 3월 11일, 선교부 인가서류를 제출한 지 3년 만의 일이었다. 다음 날 아침 대통령궁에 가서 대통령이 사인한 선교부인가 서류를 받아드는 순간 눈물이 앞을 가려 글이 보이지 않았다. 선교부인가를 위해 3년 동안 고생한 일들이 주마등처럼 스쳐 갔다. 그 순간 마음에 분명한 확신이 왔다. 대통령이 이 서류에 사인한 것은 이제 선교사역을 시작해도 된다는 하나님의 사인이라는 확신이었다. 하나님이 광야에서 40년간 모세를 연단하신 후 사명을 주신 것처럼, 지난 3

년간의 광야 생활을 통해 여러모로 부족한 나를 단련하신 후 사역을 시작하게 하신 것이다. 하나님의 사인은 함께 일할 기도의 사람을 보내주심으로 확인되었다.

그러나 내가 가는 길을 그가 아시나니
그가 나를 단련하신 후에는 내가 순금 같이 되어 나오리라
(욥기23:10)


## 낙타무릎


앙드레는 이웃 나라 콩고 출신이고, 콩고 정부 국비 장학생으로 5년간 러시아에 가서 기관차 공부를 했다. 그런데 공부를 마치고 고국에 돌아와 보니 러시아 기관차 사용이 중단되고 캐나다 기관차를 사용하고 있었다. 그는 다시 캐나다로 유학을 가야 할 상황이었다. 하지만 당시 콩고에 있는 캐나다 대사관이 문을 닫은 상태여서 그는 캐나다 비자를 받기 위해 이웃 나라인 카메룬에 오게 되었다.

카메룬의 캐나다 대사관에서 비자를 줄 때까지 한 달을 기다리라고 해서 앙드레는 월세를 얻어 살았다. 그동안 크리스천들이 모이는 기도회에 참석하였는데 기도회 중에 환상을 보게 되었다.

하얀 스크린이 위로부터 내려오고, 그 스크린에 나타난 한 아시아인은 "앙드레, 이리 오라"며 불렀다. 기도회에는 여러 사람이 참석했기에 앙드레는 자기가 아닌 다른 앙드레 일거라고 생각하였다. 그러나 그 아시아인은 "로고스 배에 있던 앙드레 이리 오라."고 구체적으로 그를 지목하여 불렀다(앙드레는 둘로스호와 함께 OM 선교회 소속인 로고스 호에서 일 년 동안 사역하였다). 지체하지 않고 자리에서 벌떡 일어서는 순간 갑자기 앙드레가 입고 있던 진 바지와 셔츠는 발목까지 덮는 흰 가운으로 바뀌었다. 앙드레가 아시아인에게 다가갔을 때 그는 "함께 일하기 전에 먼저 검사를 해야겠다"고 말하였다. 앙드레가 '병원에 가서 건강검진을 하려는가'하고 생각하고 있을 때 그 사람은 앙드레에게 "가운을 무릎까지 들어 올리라."고 하였다. 무릎까지 가운을 들어 올리자 그 아시아인은 앙드레의 무릎을 만져보더니 "됐다. 나와 함께 일하자." 하는 순간 환상이 끝났다고 한다.

다음날부터 앙드레는 환상에서 본 아시아인을 여러 날 찾아다녔다. 그러던 중 마침내 우리 교회에 오게 되었는데, 그때 나는 잠시 한국에 가고 없었다. 당시 우리 교회는 상가 2층 15평 정도를 임대해 있을 때였고, 그날은 수요찬양 집회가 있는 날이었다.

앙드레는 너무도 작은 예배당에 실망해서 찬양 집회도 참석하지 않고, 이런 작은 교회는 다니지 않겠다며 돌아가 버렸다. 며칠 후 다른 크리스천들의 안내로 순복음교회를 찾은 앙드레는 독일 선교사의 설교도 좋고 찬양도 아름다운, 성전이 큰 교회에 다니기로 결심하였다. 그런데 그날 밤 잠자리에 들었을 때 환상 중에 우리 교회 성도들이 그를 찾아와 울며 "왜 우리를 떠났느냐. 와서 우리와 함께 예배드리자."고 간청하는 것을 보았다. 환상은 밤새 여러 차례 반복되었기에 앙드레는 잠을 이룰 수 없었다. 앙드레는 주께서 그를 상가교회로 인도하고 계심을 깨닫고, 그때부터 우리 교회에 나오기 시작하였다. 그때가 바로 선교부인가를 받은 해였다.

한국에서 돌아와 선교센터 대지구입을 위한 백일기도회를 매일 정오에 하는데 한 낯선 청년이 날마다 참석하였다. 그는 콩

고사람인데 매일 시장에서 전도지로 빵을 포장해서 판다는 것
이었다. 그러던 그가 어느 날부터 기도회에 나오지 않기에 알아
보니 23일째 금식기도 하던 중 탈진했다는 소식이 집주인을 통
해 전해졌다. "더 많은 영혼을 전도하기 위해 40일 금식을 하
던 중이었다."는 소식에 우리는 너무도 감동했다. 자신의 개인
적인 문제를 놓고 금식한 것이 아니라 더 많은 영혼을 구원하기
위해 금식하다니!

금요 철야 기도회 때 '낙타 무릎'이라는 제목으로 설교하였
다. "야고보 사도가 죽은 후 제자들이 시신을 씻기려고 보니 그
무릎이 굳어져 마치 낙타 무릎같이 되었고, 낙타가 항상 무릎
꿇고 앉는 것처럼 야고보도 기도하며 무릎으로 살아 초대교회
의 모든 핍박을 이기고 승리했다."는 내용이었다. 기도회를 마
친 후 앙드레가 내게 와서 자신이 어떻게 우리 교회에 나오게
되었는지를 말하며, 환상에서 아시아인이 자기 가운을 들어 올
리게 하고 무릎을 만진 후 "됐다. 나와 함께 일하자."고 한 의미
를 오늘 비로소 깨달았다고 간증하였다.

후에 목사가 된 앙드레는 중보기도의 사명을 하나님으로부

터 받았다. 특히 하나님께서 자신을 윤 선교사의 사역을 기도로 돕도록 부르셨다고 확신하며 기회가 있을 때마다 종종 그 간증을 한다. 매일 중보기도의 첫 한 시간은 오직 윤 선교사를 위한 기도에만 집중한다. 다른 나라에 목회자세미나를 인도하러 가면 내가 돌아오는 날까지 금식하며 기도한다. "하나님께서는 왜 앙드레 목사를 내게 붙여주셨을까?" 곰곰이 생각해보았다. 내가 너무 약하고 부족하기 때문이다. 특히 기도가 많이 부족하다. 금식도 마찬가지다. 나를 너무도 잘 아시는 주님은 나의 약함을 앙드레 목사의 기도를 통해 채워주시는 것이다. 앙드레같이 귀한 기도의 사람을 함께 일하도록 보내주신 하나님께 감사드린다.

모든 기도와 간구를 하되 항상 성령 안에서 기도하고
이를 위하여 깨어 구하기를 항상 힘쓰며 여러 성도를 위하여 구하라.
또 나를 위하여 구할 것은 내게 말씀을 주사
나로 입을 열어 복음의 비밀을 담대히 알리게 하옵소서 할 것이니
(에베소서 6:18-19)

## 앙드레의 기도 노하우

앙드레는 신학교를 졸업하고 목사가 되었다. 그는 특별한 기도의 사람이다. 새벽 두 시면 일어나 동이 트도록 기도하고, 낮에도 기도하고 저녁에도 기도한다. 요즘은 매주 월요일부터 금요일까지 오전 7시부터 10시간 동안 병들거나 문제 있는 자들을 위해 상담하고 기도한다. 그의 기도에는 놀라운 기적이 따른다. 외국 병원에 가서도 치료가 안 되던 불치병이 그의 기도를 통해 자주 완치되고 있다.

하루는 앙드레 목사가 외출했을 때, 병원에서 죽은 열 살 아이를 부모가 들고 와 앙드레 사무실에 놓고 기다리고 있었다. 앙드레가 돌아오니 사무엘 전도사가 시신을 교회로 가져온 부모를 원망하며 잠시 위로해서 돌려보내자고 제안하였다. 앙드레도 당연히 그럴 생각이었다. 사무실에 들어가 보니 죽은 아이가 바닥에 놓여있고 아이 엄마는 통곡하고 있었다. 그 모습을 본 순간 앙드레 목사가 사무엘 전도사에게 함께 기도하자고 했는데, 십 분쯤 함께 기도하던 전도사는 "죽은 아이를 위해서 더는 기도할 수 없다"며 찬양 집회에 참석하기 위해 옆에 있는 예배실로 가버렸다.

앙드레가 혼자 남아 아이 엄마의 통곡 소리를 들으며 한참을 기도하는데 성령이 "예수께서 나사로를 살릴 때 어떻게 했느냐?"고 질문하셨다. "나사로의 이름을 불렀다"고 대답하니 "너도 죽은 아이의 이름을 불러라"고 하셨다. 앙드레는 죽은 아이의 이름을 부르려고 애를 썼으나 이름이 생각나지 않았다. "주여, 이름이 생각나지 않아요. 이름이 생각나게 해주세요" 하며 계속 기도하는 중에 아이 이름이 떠올랐다. 그래서 그 아이의 이름을 세 번 크게 부르니 손이 꿈틀거리더니 아이가 깨어났다. 아이에게 물을 먹이고, 주저앉아 울던 엄마를 일으켜 세워 찬양 집회에서 간증하니, 온 교회가 큰 은혜를 받았다.

'앙드레의 능력 있는 기도의 비결은 무엇일까' 알고 싶어서 물었더니 이렇게 답했다. 첫째, 새벽 두 시에 일어나 침실을 떠나 조용한 기도처로 간다. 실제로 그와 종종 함께 여행할 때 숙소에 도착하면, 그는 제일 먼저 화장실, 부엌, 창고 등 방해받지 않는 기도처를 기막히게 찾아낸다. 둘째, 새로운 하루를 주신 하나님께 감사기도를 드린다(5-10분). 셋째, 성경을 체계적으로 읽는다(1시간). 그 외에도 기도의 책인 시편 전체를 매월 1회 읽는다. 성경을 읽을 때 감동되는 구절에 밑줄을 치며 읽는다. 그리고 그중에서 한 구절을 선택하여 깊이 묵상한다. 넷째, 선택하여 묵상한 말씀을 붙들고 기도한다(45분). 다섯째, 중보기도를 한다(2-4시간). 하나님의 종들, 선교부의 사역, 교인들, 나라들의 순서로 기도한다. 여섯째, 자신과 가족을 위해 기도한다(5-10분). 중보기도를 하다 보면 시간이 부족하여 자신을 위한 기도는 거의 하지 못한다. 일곱째, 성경을 계속 읽는다(1시간). 여덟째, 찬송한다(10분). 아홉째, 감사기도를 한다(30분). 끝으로, 기도 노트에 기록한다(15분).

그는 매일 이와 같은 방식으로 기도한다. 이 방식은 누구에게서 배운 것이 아니라 기도하면서 스스로 체득한 것이다. 앙드레 목사는 매일 40장 이상 성경을 읽을 뿐 아니라 온종일 MP3를 귀에 달고 살면서 성경 말씀을 듣는다. 그의 능력 있는 기도의 비결은 성경으로 기도하며 중보기도에 힘쓰는 것이다.

# 돌 사진

둘로스 배에서 아들 관진이 돌을 맞았다. 각종 음식을 준비하고 디렉터인 알렌 아담 박사와 여러 나라 친구들을 초대하여 국제적인 돌잔치를 하였다. 신바람이 나서 이 특별한 순간을 사진으로 남기기 위해 카메라 셔터를 쉬지 않고 눌러댔다. 36방 필름을 넣었는데 어찌된 건지 카메라에 표기된 숫자는 40이 넘어갔다. 고개를 갸우뚱하면서도 계속 사진을 찍어댔다. 잔치가 끝나고 손님들이 돌아간 후 필름을 꺼내려고 카메라를 열었는데 이게 웬걸 그 안에 필름이 없었다.

카메룬에 도착한 지 다섯 달 만에 딸 희진이 돌이 되었다. 그때는 집에 돈 한 푼이 없어 날마다 밥과 간장만으로 연명하던 시절이었다. 두알라에서 한인교회를 인도하던 때라 교인에게 돈을 빌려 필름을 살까 하는 생각이 잠시 스쳐 갔으나 목회자의 자존심 때문에 그렇게 하지 못했다. 그래서 희진이도 돌 사진이 없다. 우리 문화에 돌 사진이 얼마나 소중한가. 잘 차린 돌상 앞에 앉아 있는 귀여운 아이들 사진을 볼 때마다 관진이와 희진이에게 너무도 미안하고 속상하다. "관진아, 희진아 평생 추억으로 남는 소중한 돌 사진을 남겨주지 못한 덜렁거리고 자존심 강한 아빠를 용서해라. 그래야만 너희 죄도 용서받는다고 주님이 말씀하셨다."

## 골초 신자

이세원은 서울대를 나오고, 코트라 관장을 한 엘리트다. 그는 교회에 다니면서도 담배를 끊지 못했다. 나는 그에게 담배에 관하여 한마디도 하지 않았다. 문제는 그가 주일예배 후에 예배당 문 앞에서 보란 듯이 담배를 피우는 것이었다.

집사가 교인들이 많은 예배당 현관에서 담배를 피우니 목사로서 마음이 편할 리가 없었다. 하지만 그 문제에 대해 한마디도 언급하지 않은 채로 3년이 흘러갔다. 어느 주일예배를 마치고 이 집사와 인사를 하는데, 와이셔츠 주머니에 담겨 있던 담뱃갑이 떨어져 담배 개비들이 바닥에 흩어졌다. 나는 급히 담배

개비들을 주워 민망해하는 그에게 "집사님, 여기 있어요."하고 전해주었다. 이 집사는 그날로 담배를 끊었다. 그는 나를 찾아와 "목사님, 일부러 교인들과 목사님 앞에서 담배를 피우면서 실은 마음이 편치 않았어요. 저는 교회가 담배를 금하는 것에 동의하지 않습니다. 담배가 신앙생활과 아무 상관이 없고, 담배에 관해 성경이 언급한 바도 없고, 담배 때문에 지옥 가는 것도 아니라는 생각입니다. 목사님이 바리새인처럼 율법적으로 담배를 금하는 말씀하기만을 기다리며, 그날로 교회를 떠나려고 했습니다. 그런데 목사님이 담배에 관해선 한 말씀도 하지 않으시고, 오히려 성경 말씀이 내 마음에 들어오면서 담배를 피우면 마음이 불편해지기 시작했습니다. 그리고 지난 주일에 목사님이 담배 개비들을 주워주시는 순간 담배를 끊기로 결심 했습니다."라고 하였다.

카메룬에 도착한 지 열 달 만에 항구도시 두알라를 떠나 수도 야운데로 이사했다. 매 주일 새로 개척한 야운데 교회 오전 예배를 인도한 후, 버스로 250km를 이동하여 두알라에서 오후 네 시에 예배를 인도하고 다시 당일 밤 야운데로 돌아가기를 삼년간 지속하였다. 버스를 타고 두알라와 야운데를 왕복하는 것은 쉬운 일이 아니었다. 버스가 시간을 안 지킬 때가 많았고, 사고가 나거나 고장이 나기도 했다. 한밤중에 고장이 나서 버스 안에서 밤을 지새우기도 하였다. 내가 차량 때문에 고생하는 것을 안 이 집사는 교인들과 상의해서 내게 중고 사륜구동 자동차를 사주었다. 그리고 두알라에 갈 때마다 자신의 집에 초대해서 정성스런 식사를 제공해 주었다. 이 집사 부부는 두알라 교회를 이끌어가며 카메룬선교 초창기 어려운 시기에 큰 힘이 되어주었다.

유대인들에게 내가 유대인과 같이 된 것은 유대인들을 얻고자 함이요
율법 아래에 있는 자들에게는 내가 율법 아래에 있지 아니하나
율법 아래에 있는 자 같이 된 것은 율법 아래에 있는 자들을 얻고자
함이요, 율법 없는 자에게는 내가 하나님께는 율법 없는 자가 아니요
도리어 그리스도의 율법 아래에 있는 자이나 율법 없는 자와 같이
된 것은 율법 없는 자들을 얻고자 함이라.
약한 자들에게 내가 약한 자와 같이 된 것은 약한 자들을 얻고자
함이요 내가 여러 사람에게 여러 모습이 된 것은 아무쪼록
몇 사람이라도 구원하고자 함이니 (고린도전서9:20-22)

# 고스톱 신자

　이시우는 고스톱 도사였다. 그는 고스톱 할 때 상대방의 패가 거의 보인다고 한다. 그는 두알라에서 사진관 기사로 일했는데 토요일에 일을 마치면 버스를 타고 야운데로 올라가 밤새도록 고스톱을 치고 다음 날 밤에 두알라로 돌아오는 일을 반복하였다. 그런데 고스톱 친구들이 하나둘 교회에 나가면서 고스톱 팀이 와해되고 혼자 남게 되자 어느 날 생애 처음 예배당에 발을 들여놓게 되었다.

　그는 그때부터 20년이 지난 후 그날의 경험을 얘기하였다. "목사님, 20년 전 처음 교회에 갔을 때 들은 설교를 평생 잊지 못합니다. 저는 그때 빚을 지고 한국을 떠난 어려운 처지였습니다. 그날 목사님이 잔에 담긴 주스 얘기를 하면서 잔에 남은 주스를 보며 '아직도 주스가 남았다고 긍정적으로 생각하는 사람이 있고, 벌써 절반이나 마셔 없다고 부정적으로 생각하는 사람이 있다'고 하면서 자신에게 없는 것을 생각하며 원망하지 말고, 자신이 가진 것을 생각하며 희망을 가지라고 하셨습니다."

　그는 교회에 첫발을 디딘 후 매주 열심히 교회에 나왔다. 그리고 고스톱에서 돈을 딸 때마다(그는 잃는 적이 거의 없는 고스톱 프로다) 감사헌금을 드리곤 하였다.

그는 믿음이 성장하면서 세례를 받고, 그토록 좋아하던 고스톱을 끊었다. 화투짝을 건네주며 고스톱을 안 해도 좋으니 만져만 보라는 친구들의 권유도 단호히 거부하였다.

어릴 적 충청도 당진에서 초등학교를 다닌 그는 학교에서 아무리 소변이 마려워도 꾹 참았다가 방과 후 집에 돌아와 자기 소변을 거름에 보탰다. 한 번은 솔개가 닭을 채갔는데 돌멩이를 던지며 끝까지 솔개를 쫓아가 결국 지친 솔개가 닭을 놓아버리도록 한 적도 있었다고 한다.

"저놈은 사막 한복판에 놓아도 잘 살 놈이다."는 그의 할아버지 말 그대로 사막 지역인 카메룬 이웃나라 차드에 가서 수도 은자메나 사진관을 열었다. 개업 초기에 극심한 어려움을 겪는 와중에도 그는 오직 하나님만 의지하는 믿음을 지켰다. 은자메나에 교회를 개척하고, 분기마다 한 번씩 차드에 오가며 선교할 때이다.

카메룬 수도 야운데에서 북부까지는 기차로, 북부에서 차드 국경까지는 버스를 두 번 갈아타고, 차드 국경에서 차드 수도

은자메나까지는 또 다시 오토바이 뒤에 실려 사흘 길을 가야만
할 때였다. 어느 날 이 집사가 "목사님, 이제부터는 힘들게 육
로로 다니지 마시고 비행기로 다니세요. 매월 오셔도 항공료는
제가 책임지겠습니다."고 하여 그 후로 비행기로 편히 차드를
오갈 수 있었다.

　은자메나에서는 큰 집을 세내어 교회를 시작했다. 그러나 일
년이 지나자 모슬렘인 집주인이 임대료를 배로 올려 다른 장소
를 구해야만 했다.
　은자메나의 큰집들은 대부분 모슬렘 소유인데 세 번째로 옮
긴 집 주인이 임대료를 세 배로 올리는 바람에, 임대해서 예배
드리는 것을 포기하고, 땅을 매입하기로 생각을 바꾸었다. 대지
를 매입하기 위해 한국교회에 후원을 요청했으나 오랫동안 나
서는 교회가 없었다. 그러던 중에 신성교회가 이 소식을 듣고
'집 없는 설움은 집 없는 자가 잘 안다'며 눈물겨운 헌금을 보내
주었다. 무허가 건물에서 예배를 드린다는 이유로 열 번이나 철
거를 당해본 경험이 있던 동병상련의 교회였다.
　은자메나에 300평가량의 땅을 어렵게 대지는 매입하고, 여전
히 건축비가 없어서 거적을 사서 사방을 막고 예배를 시작했다.

그러나 지붕이 없으니 비가 오면 속수무책이었다. 예배 중에 비가 오면 앉아 있는 발목까지 물이 찰랑거렸다. 쏟아지는 비를 그대로 맞으며 옷도, 성경도 흠뻑 젖은 채로 예배를 드렸다. 매입 당시 노란색이었던 거적은 비에 젖고 썩어 흉물스러운 검은색으로 변했다. 그래서 밖에 걸어둔 교회 간판이 창피해 안에 들여놓아야 했다.

어렵게 건축비가 마련되어 은자메나교회 건축이 시작되었다. 야운데교회 찬양팀 책임자인 에뜨몽과 함께 은자메나로 가서 상황을 검토한 후, 건축자재 가격이 싼 이웃 나라 나이지리아에서 건축자재를 사 오도록 그를 보냈다. 은자메나에서 자재가 오기를 여러 날을 기다려도 에뜨몽은 오지 않았다. 하는 수 없이 건축을 미루고 야운데로 돌아와야 했는데, 후에 그가 수천만 원의 자재비를 들고 미국으로 도망갔다는 소식을 듣게 되었다. 이처럼 건축이 난항을 겪고 있을 때, 이 집사가 부족한 건축비를 헌금해서 은자메나교회 건축은 무사히 마칠 수 있었다.

# 배신

마탱은 카메룬 사역을 시작할 때 현지 적응에 여러 면에서 도움을 준 청년이다. 그는 둘로스가 카메룬에 도착했을 때 대학 전도팀의 책임자였던 나의 통역을 도왔다. 그는 선교부 인가를 위해 필요한 현지인 임원들을 추천해 주었고, 대통령궁에서 일하는 자신의 어머니를 통해 정부 관계자들을 만나는 일도 도와주었다. 그는 훤칠한 키에 잘생긴 외모와 뛰어난 언변으로 사람을 사로잡는 매력이 있었으며, 기타치고 찬양하며 기도회를 인도하는 데도 탁월했다.

총각인 마탱은 여성들에게 인기가 많았고 돈 많은 독신 여성들에게 많은 관심을 보였다. 그가 종종 밤늦은 시간에 여성들을 방문하기에 염려가 되어서 "늦은 시간에 혼자 독신 여성을 방문하지 말라"고 주의를 주었다. 그러자 그는 발끈해서 화를 내며, "우리 교회에 오는 교인들이 당신 때문에 오는 줄 알아. 나 때문에 오는 거지. 당신은 불어로 설교도 못 하잖아!"라며 얼굴을 들여대며 대들었다. 그런 후 사전에 아무 상의도 없이 주일

예배 때 "다음 주일부터 이곳에서 예배를 드리지 않는다."고 광고한 후 교회를 떠나버렸다. 그다음 주일에 90여 명 모이던 교인 중에 30여 명이 보이지 않았다.

마탱은 몇몇 사람들과 규합하여 교단을 분열시켰다. 독기가 오른 그는 앙바사 목사와 방송기자, 변호사와 함께 네 명으로 팀을 구성하여 나를 카메룬에서 쫓아내려고 하였다. 그들은 대통령궁, 외무부, 치안본부, 이민국, 한국대사관 등을 찾아가서 나를 스파이와 인종차별 혐의로 고소하였다. 카메룬에서 쫓겨날 위기에 직면한 나는 여기저기 찾아다니며 무고함을 변명할 생각조차 없었다. 카메룬선교 초창기에 가장 가까웠던 동역자로부터 배신당한 충격은 말로 표현할 수가 없었다. 카메룬의 모든 것이 싫어지고, 카메룬 사람들이 몹시 미워졌다. 온 정성을 다해 여러 해 동안 신학교에 보내주고 아낌없는 후원을 해준 사람으로부터 받은 배신의 충격에 차라리 쫓겨나서 한국에 돌아가면 좋겠다는 생각이 들었고, 완전히 탈진하여 말씀 묵상과 기도도 할 수 없었다. 그때 앙드레가 교인들과 중보기도 팀을 조직하여 하나님께서 이 상황에 개입해 주시도록 금식하며 부르짖었다.

얼마 후 마탱 팀의 앙바사 목사가 사무실에 찾아와 무릎을 꿇고 울먹였다. "목사님, 스무 살 된 제 아들이 이유 없이 갑자기 죽었습니다. 저를 용서해주세요. 제게 다른 무슨 일이 닥칠까 두렵습니다." 그는 불법으로 이용하던 선교부 인가 서류를 돌려주며 앞으로 다시 인가 서류를 사용하지 않겠다고 약속하며 자기를 위해 축복 기도해달라고 간청하였다. 다른 일행인 방송기자는 갑자기 수도에서 1,000km 떨어진 북부도시 마루아로 발령을 받았고 그곳에 간 후 몇 달 만에 젊은 나이로 갑자기 죽었다. 남은 한 명인 변호사는 마탱과 다투고 떠나서 마탱 팀은 순식간에 공중 분해되었다. 이 사건을 목격한 사람들은 하나님의 종을 대적하면 하나님이 치신다는 두려움을 갖게 되었다. 하나님은 카메룬에서 쫓겨날 뻔한 위기를 주의 종의 권위를 세워주는 계기로 바꾸어 주셨다.

내가 신뢰하여 내 떡을 나눠 먹던 나의 가까운 친구도
나를 대적하여 그의 발꿈치를 들었나이다 (시편41:9)

## 아! 철수야

주일에 집사님 한 분이 원숭이를 품에 안고 교회(당시 우리 집이 예배처소였다)에 와서 빙긋이 웃으며 말했다. "목사님, 아프리카 교회에 원숭이 한 마리는 있어야 하지 않겠어요?" 몸집이 자그마한 원숭이는 아기가 엄마 품에 안기듯 집사님 품에 찰싹 달라붙어 있었다. 원숭이는 덫에 잡혔었는지 한 손의 손가락 몇 개는 잘려있었다. 그 녀석은 그날부터 우리 가족이 되었고, 우리는 그에게 '철수'라는 이름을 지어주었다.

우리 집 마당에는 열매가 탐스럽게 매달린 커다란 망고나무가 있었다. 그 망고나무의 아래와 꼭대기를 긴 줄로 연결하고, 철수의 허리에 고리가 달린 다른 줄을 매어 망고나무 위아래를 연결한 줄에 잇대어 주었다. 나무 위아래를 자유롭게 오가다 한 가로이 나무 위에 앉아 맛난 망고를 따 먹기도 하고 때론 그늘에 누워 늘어지게 낮잠을 자는 철수는 몹시 행복해 보였다.

우리 집에는 동네 모든 수탉을 제압하여 기세가 등등해진 수

닭이 한 마리 있었다. 드디어 철수에게도 도전장을 내밀었는데 재빠른 철수가 수탉 뒷목의 깃털을 뽑아버렸다. 그렇게 매일매일 망고나무 아래에는 뽑힌 깃털로 수북해졌다. 그러던 어느 날 끝없이 도전하는 수탉에게 몹시 화가 났는지, 철수는 아예 수탉을 잡아채어 망고나무 위로 올라가 아래로 내리쳤다. 너무 놀란 수탉은 그날 이후로 철수에 대한 도전을 포기하였다.

어느 날 철수는 허리에 묶여있던 고리를 풀더니 줄을 둘둘 말아 한 손에 움켜쥐곤 외출을 시작하였다. 날이 저물어 "철수야!"하고 부르면 집에 돌아와 저녁밥을 맛있게 먹고, 허리에 다시 고리를 걸어주면 잠을 자러 나무 위로 올라갔다. 그는 원하면 언제든지 외출을 하였다.

철수는 장난꾸러기다. 그는 빨래집게를 분해하는 취미가 있었다. 빨래집게로 집어놓은 옷들은 땅바닥에 떨어져 뒹굴기가 일쑤였다. 또한 슬리퍼 끈을 빼거나, 동네를 산보하며 이웃집 감자밭을 파헤쳐 놓았다. 여자나 아이들을 보면 뒤에서 머리카락을 잡아당기고, 놀라서 비명을 지르면 도망가서 재미있다고 낄낄거리는 것이 꼭 동네 개구쟁이 모습이었다.

철수에게 물 마시는 법을 가르치기로 하였다. 물병에 입을 대고 마시는 시범을 보여준 후 그에게 물병을 건네주며 마시라고 하였다. 그랬더니 철수는 물병을 땅에 쓰러뜨리더니 흙바닥에 엎드려 흘러나오는 물을 마시려고 애를 썼다. 물은 대부분 흙으로 스며들어 철수 입에 들어가는 물은 거의 없었다. 철수 머리를 한 번 쥐어박고 다시 한 번 물 마시는 시범을 보여준 후 따라 하라고 했으나 여전히 흙바닥에 엎드려 고생하는 것을 보고 다른 방법을 찾기로 하였다. 수도꼭지를 틀어 물 마시는 시범을 보여주니 철수가 그대로 잘 따라 하였다. 문제는 수도꼭지를 틀어 마시기만 하고 잠그지는 못하는 것이다. 그때부터 철수가 틀어놓은 수도꼭지를 잠그는 일은 내 일이 되었다.

카메룬 중창단을 인솔하고 잠시 한국에 다녀오게 되어 철수 돌보는 일을 비엥베뉘 전도사에게 맡겼다. 세달 후에 한국에서 돌아와 보니 철수가 보이지 않았다. "비엥베뉘, 철수가 보이지 않잖아. 철수 어디 갔어?" "목사님, 저도 먹을 것이 없어서 철수에게 음식을 제대로 못 주니까 철수가 배고파 너무 고통스러워 했어요. 차마 그 모습을 지켜볼 수 없어 고통을 덜어주려고 제가 잡아먹었어요." 아무렇지도 않게 오히려 당당하게 말하는 비엥베뉘의 말에 순간 나는 너무 놀라 할 말을 잊었다. 그리고 비엥베뉘가 얼마나 얄밉고 미웠는지 모른다. "아이고 철수야. 불쌍한 우리 철수야. 그렇게 황당하게 가다니..."

## 진돗개

김 사장은 개를 몹시 사랑한다. 그는 흰 진돗개 한 쌍을 비싼 항공료를 지불하고 한국에서 데려왔다. 이 진돗개는 아버지가 투견 챔피언으로 잡지에 실린 족보 있는 가문 출신이다. 김 사장은 사람이 먹다 남은 밥을 개에게 주는 법이 없다. 개를 위한 양식을 보관하는 전용 냉장고를 구입하고 자신이 직접 식재료를 구입하고 깨끗하게 씻어 정성껏 개의 음식을 준비하였다.

우리 집에는 순종 셰퍼드 세 마리가 있었다. 어느 날 김 사장이 자신의 진돗개 자손인 흰 수컷 진돗개 한 마리를 선물로 주며 족보 있는 개니 잘 키우라고 당부하였다. 그날 밤 개들이 요란하게 짖는 소리가 들린 듯했으나 그냥 잠에 빠졌다. 다음 날 네 마리 개를 위해 밥을 주는데 셰퍼드 세 마리는 밥그릇을 물 끄러미 바라보며 가만히 앉아 있고 진돗개 혼자서 고기를 골라 먹고 있었다. "끄윽" 트림을 하며 다른 데로 간 뒤에야 셰퍼드 들이 밥을 먹기 시작하였다. 독일산 셰퍼드가 선진국 출신답게 매너가 있어서 새로 온 친구에게 양보하나 생각했는데 그게 아 니었다. 전날 밤 싸움에서 체구가 셰퍼드의 반밖에 되지 않은 진돗개가 셰퍼드 세 마리를 제압하여 서열을 정한 것이다.

진돗개는 겁이 없다. 상대 개의 체구와 상관없이 자기 앞에서 꼬리를 내리지 않고 짖거나 하면 대뜸 달려가 상대의 급소인 목 을 문다. 진돗개는 온 지 얼마 되지 않아 동네 모든 개들을 제압 하고 서열 1위에 올랐다. 근처에 사는 장관이 진돗개를 보고 탐 이 나서 한 마리만 구해달라고 사정하기에 김 사장에게 부탁해 서 한 마리를 보내주었다. 그런데 이 진돗개는 주인이 바뀌자 음식을 거부하였다. 고기도 주고 생선도 주고 뼈도 주는 등 개 들이 좋아하는 음식을 주었으나 모두 거부하고 결국 굶어 죽었 다. 진돗개가 죽은 주인 무덤을 지키다가 굶어 죽었다는 기사를 보고 과연 그러할까 했는데 사실이었다.

안식년 차 한국에 3달 동안 가게 되어 셰퍼드들은 정리하고 진돗개만 집에 남겨두었다. 한국에서 돌아오니 개가 보이지 않았다. 경비하는 친구에게 물어보니 우리 개가 날마다 밖에 나가 다른 개들과 싸우느라 너무 많은 피를 흘려 죽었다는 것이다. 이미 우리 개가 동네 개들을 다 제압했기에 믿을 수 없어 한인들에게 물어보니 우리 개가 먹지 못해 갈비가 앙상하게 드러난 것을 봤다는 것이다. 경비원에게 개를 위해 음식을 준비할 돈을 맡겼는데 경비원이 그 돈을 자기가 다 쓰고 개에게 음식을 주지 않아 개가 굶어 죽은 것이다. 우리 진돗개는 이처럼 허망하게 가버렸다.

진돗개를 통해 두 가지 교훈을 배웠다. 어떤 상대도 두려워하지 않는 용기와 주인에 대한 절대적인 충성이다. 개만도 못한 사람들이 적지 않다.

# 천사 대령

우리 집 거실에서 시작한 교회가 20명이 넘어 비좁게 되자 상가 2층을 세내어 예배를 드렸다. 주위 사람들이 우리를 이단이라고 박해하였는데 이단이라는 이유는 극히 단순했다. 윤 선교사는 아시아인인데 아시아에는 불교, 힌두교 등 온갖 사교들이 많을 뿐 크리스천은 없으며, 예배당 건물도 없이 상가에서 모이기 때문에 이단이라는 것이다.

박해에도 불구하고 교회는 조금씩 성장해서 상가 다른 편도 임대하여 두 상가 가운데를 트니 백 명 넘게 모일 수 있는 공간이 생겼다. 성가대, 제직회, 여전도회, 남전도회, 대학부, 주일학교 등 각 기관도 조직되어 교회의 면모를 갖추게 되었다.

여전도회장은 모든 일에 솔선수범하는 일등 성도였는데 그 남편은 아내가 우리 교회 가는 것이 심히 못마땅하였다. 그는 "교회 가는 것은 괜찮은데 왜 많은 교회 중에 하필 이단 교회야. 내 체면을 좀 생각해줘"라며 아내를 타박하였다. 그래도 아내가 말을 듣지 않자 국방부 차관인 남편은 교회 앞에 군인을 보내 아내가 교회에 들어가는 것을 막았다. 내가 아시아인이고, 상가건물에 세든 교회라는 것 때문에 동네 사람들이 이상한 눈으로 바라보는 것이 몹시 속상하고 억울했다.

상가교회를 시작한 지 삼 년 만에 건축을 결심하고 대지를 위해 정오 백일 기도회를 시작하였다. 기도하면서 매일 교회 땅을 알아보는데 야운데 시내에는 교회를 지을 만한 넓은 땅이 없었다. 시내 변두리를 돌아보다가 작은 숲이 눈에 띄었다. 수소문해서 땅 주인을 알아보니 에마 우뚜라는 정치인이었다. 친형이 야운데 시장을 하고 본인은 대통령 후보로 출마한 명문가 집안이었다. 에마 우뚜의 집은 거대한 성채였다.

찾아가서 교회 지을 땅이 필요하다는 사정 얘기를 하자 그는 듣자마자 매우 기뻐하며 자신이 한국을 좋아한다고 하였다. 아프리카가 발전하려면 식민 지배를 통해 착취한 서구 국가들로부터 독립하고 한국처럼 놀랍게 발전하는 아시아 신생국들과 손잡아야 한다고 일장 연설을 하였다. 자기 가문은 조상으로부터 받은 땅을 팔지 않는 전통이 있다고 하면서 일만 평방미터 (삼천 평)의 땅을 거저 주기로 하였다. 하지만 급히 써야할 필요한 돈이 있으니 오천만 쎄파(한화 일억 원)를 가져오면 돈이 생기는 대로 다시 돌려주겠다는 약속을 하고, 결국 오천만 쎄파의 돈을 그에게 주고 오천 평방미터의 땅을 받았다. 그는 이 땅에 허술한 건물이 아닌, 누가 봐도 멋진 건물을 완공하면 이차로 나머지 오천 평방미터의 땅도 주기로 약속하였다. 야운데 시내에 유일하게 남은 넓은 땅을 차지한 것은 백일기도회를 기뻐하신 하나님의 응답이었다.

공사가 시작되어 경사진 땅을 불도저로 미는데, 지반이 거대한 암반층이어서 공사를 계속 진행할 수 없었다. 그때 국제크리스천 장교대회가 한국에서 개최되어 카메룬 대표로 공병대장인 아장 대령을 추천하여 보냈다.

한 주 후에 한국에서 돌아온 아장 대령은 귀국 인사차 내 사무실에 들어오자마자 갑자기 무릎을 꿇어 나를 놀라게 하였다. 카메룬에서 군인의 위세는 실로 막강하다. 집안에 대위 한 명이 있으면 온 집안이 산다는 말이 있을 정도다. 대령의 위세는 실로 대단하고, 더구나 공병 대장은 부와 권세가 보장된 자리다. 무릎을 꿇은 아장 대령에게 너무 놀라서 "아니 대령님, 왜 이러십니까. 어서 일어나세요." 하고 손을 내미니 그가 내 손을 뿌리치며 말했다. "목사님, 제가 너무 교만했습니다. 한국에 가서 참모총장인 사성장군이 모든 장교 앞에서 무릎 꿇고 기도하는 것을 보고 큰 충격을 받았습니다. 부끄럽게도 대령인 나는 교만한데, 대장이 그토록 겸손한 것을 보고 회개했습니다. 목사님, 저를 위해 기도해주십시오" 무릎 꿇은 아장 대령의 어깨에 손을 얹고 기도하는데 그는 한국에서 배웠는지 "아멘"을 연발하였다.

기도 후에 차를 마시면서 아장 대령이 말을 이어갔다. "목사님, 대한민국에 가보니 대단합니다. 프랑스 파리는 대한민국 서울과 비교하면 쓰레기통에 불과합니다." 고층건물이 즐비한 서울을 보고 그는 대한민국에 대해 매우 좋은 인상을 가지게 되었다. 아장 대령에게 "대령님, 성전을 건축하려는데 지반이 암반이라 공사를 진행할 수 없습니다"고 고민을 털어놓으니 "목사님, 걱정 마세요. 제가 누구입니까. 공병 대장 아닙니까. 제가 공사하는 것을 도와 드리겠습니다"고 약속하였다.

그는 군인답게 정말로 화끈하게 도와주었다. 매일 군인 열 명을 보내서 공사현장 주변 도로를 차단하고 바위에 구멍을 뚫어 다이너마이트를 넣고 폭파하는 작업을 계속하였다. 이 작업은 대단히 위험한 것이어서 폭파 전에 공사장에 있는 모든 사람은 땅에 엎드려야 했고, 폭파 순간 연기 기둥은 수 미터 솟아오르고, 도로의 전신주는 "웅" 하는 신음소리를 내며 떨었다. 폭파 후 사방으로 날아간 바위 파편들로 인해 주위에 있는 가옥의 지붕 수십 채가 파손되었다. 공사장에서 날아간 파편이 이백 미터 떨어진 도로를 지나던 차량 운전석 문에 박혀 콩고 외교관인 운전자가 전쟁이 나서 총알이 날아온 것으로 생각하여 공포에 떨며 차에서 나오지 못한 일도 있었다. 폭파된 파편이 어느 방향으로 날아갈지 예측할 수 없어 사람이 파편에 맞아 큰일이 생길 수도 있는 위험한 상황이 계속되었다. 매일 계속되는 폭파작업으로 인해 사람들이 찾아와 심장병과 스트레스에 시달려 병원비가 필요하다고 요구하기도 하였다.

하루는 공사장에서 일하던 벽돌공이 엉엉 울며 간증을 하였다. "내가 3층에서 벽돌을 쌓고 있는데 갑자기 내 머리 위쪽에 놓였던 나무 발판이 떨어지며 내 이마를 때렸습니다. 내 몸이 균형을 잃고 뒤로 넘어지는 순간에 그물 같은 것이 내 몸을 감싸서 앞으로 밀어 아래로 떨어지지 않게 해주었습니다. 하나님이 나를 살려 주셨습니다" 공사장에는 발판만 있고, 발판 뒤에 난간이 없었고, 아래에 안전망도 없었다. 3층에서 바위 위로 떨어지면 큰 사고가 날 수 있었다.

바위 폭파작업은 무려 3년간 계속되었다. 열심이 특출한 깜가 집사가 "우리 목사님이 미치셨나 봐. 언제까지 바위 폭파하는 일만 하시고, 성전건축은 언제 하시려나"라고 한 말이 내 귀에 들어왔다. 중장비를 하루 임대하는데 백만 원이 들었다. 3년간 바위를 폭파하고 들어내어 나르려면 중장비 임대료만 수억이 들었다. 하지만 아장 대령은 유류비만 받고 공사를 도와주었다.

그는 하나님이 보내준 천사였다. 삼 년간 바위 폭파 비용이 일억 정도 들었는데, 폭파한 바위를 깨어 자갈로 만들어 건축 자재로 쓰고, 남은 바위와 자갈은 내다 팔아 공사비를 대폭 절약할 수 있었다. 깜가 집사가 "윤 목사님은 앞을 내다보시는 지혜로운 분이야"라고 했다고 한다. 대지 구입에 일 년, 바위 폭파에 삼 년, 건축에 삼 년 해서 성전건축을 위해 백일기도회를 한지 칠 년 만에 선교센터 공사를 마쳤다.

그 당시 이곳은 야운데 변두리였고, 전기와 수도가 공급되지 않았으며, 마약 하는 사람들이 모이던 외진 숲이었다. 지금은 큰 사거리가 되어 까르푸 멕(MEEC 사거리, 멕이 우리 교회 이름이다)

이라는 공식 명칭을 갖게 되었다. 이렇게 수도에 사는 사람들은 자연스럽게 우리 교회를 알게 되었다. 할렐루야!

선교센터 건축 기간 아장 대령을 통해 공병대의 도움을 받게 해주시고, 삼 년간 모든 위험한 사고로부터 지켜주신 하나님께 감사와 영광을 드린다.

## 포도사탕

다섯 살 때인가. 관진이가 기도하는데 예수님이 나타나셨다며 커서 목사가 되겠다고 했다. 관진이는 목회자 성품을 지녔다. 잘 차린 뷔페에 다녀와서 배고프다며 울기에 속상해서 "음식이 그토록 많은데 왜 많이 먹지 않고 배고프다고 하니"라고 물었더니, "내가 많이 먹으면, 다른 아이들이 못 먹잖아"하는 아이다.

그가 열 살 경 슈퍼에 갔을 때 일이다. 포도를 사달라고 하는

데 값이 비싸고 돈도 없어 살 수가 없었다. 그런데 하도 먹고 싶었던지 포도알 몇 개를 따서 주머니에 넣고 집에 왔다. 그 포도알을 냉장고 안 깊숙이 넣어두고, 동생과 포도알을 꺼내 사탕처럼 빨아 먹고, 냉장고에 다시 넣기를 반복하였다. 그러던 며칠 후에 더는 참을 수 없어 동생과 포도알을 깨물어 먹었다. 십대 시절에 관진이는 잠시 방황하였다. 포도 한 송이 사주지 못하는 무능한 아빠가 원망스러웠고, 그 자녀를 돌보지 않는 하나님이 원망스러웠다. 왜 하나님이 그 자녀를 고통 가운데 내버려 두는지, 과연 하나님이 존재하는지에 대한 근본적인 회의로 번민하였다. 그러던 중 하나님의 은혜로 회개하고 자신도 아빠처럼 선교사로 살기로 결심하게 되었다.

그의 이야기가 잡지 가이드 포스트에 실렸는데 그 내용을 보게 된 한 자매가 눈물을 글썽이며 감동하였다. 결국 관진이의 아내가 되었다. 관진이는 한국에서 신대원을 졸업하고 캐나다 몬트리올에 가서 박사학위(Ph.D)를 받았고, 교회를 섬기면서 선교사 준비를 하고 있다.

주님, 제가 스스로 아프리카에 와서 사역할 마음은 없습니다.
그러나 주께서 제가 아프리카에 와서 사역하기를 원하신다면
마게도냐 사람의 환상을 통해 바울을 부르신 것처럼,
특별한 방법으로 불러주세요. 그러면 순종하겠습니다.
이렇게 기도하고 나니 마음에 평화가 찾아왔다.

둘로스

가봉 월스미스 팜필

임마누엘 마리뿔부부

리고베/앙드레목사

죽으면죽으리라

제르베 선교사파송

꼴랭스부부

메르젤 까롤린부부

# 2부

# 하나님의 말씀은
# 살아있고

하나님의 말씀은 살아있고 운동력이 있어
좌우에 날선 어떤 검보다도 예리하여
혼과 영과 관절과 골수를 찔러 쪼개기까지 하며
또 마음의 생각과 뜻을 판단하나니 (히브리서4:12)

# 거듭난 마쳇

주일 아침 늦잠에서 깬 보고는 아내가 아이를 데리고 교회 간 사실을 알고 머리끝까지 화가 났다. 박해와 구타에도 불구하고 아내가 교회 가는 것을 포기하지 않자 "당신은 가더라도 아이는 절대 교회에 데려가선 안돼!"라고 했는데, 그날은 아이를 데리고 갔기 때문이다.

보고는 마쳇(낫보다 크고 긴 정글용 칼)을 집어 들고 아내를 요절내겠다고 집을 나섰다. 가는 길에 아내의 숙모에게 들러 "당신 조카가 내 아이를 데리고 교회에 갔으니 죽여버릴 거야"라며 씩씩거리는데, 그 말을 들은 아내의 숙모 역시 "그래, 잘 됐다. 죽여 버려라!"고 맞장구를 쳤다.

순간 보고의 기분이 이상해졌다. '당연히 말려야 하건만 같이 맞장구를 치다니...' 보고는 하려던 일이 과연 잘하는 것인가 하는 의문이 순간적으로 들었다.

넓은 예배당에 가서 두리번거리며 아내를 찾으니 아내가 아이와 함께 앉아 있는 것이 눈에 들어왔다. 주춤거리며 아내 곁으로 다가 갔을 때 아내는 너무 좋아하며 옆자리에 앉으라고 권했다. 보고는 마쳇을 바지 오른쪽 안에 감췄기 때문에 오른쪽 다리를 구부릴 수 없어 죽 펴고 앉았다.

그날의 설교는 바로 보고를 위한 것이었다. 말씀은 날선 검처럼 그의 폐부를 파고들었다. 설교 후 새 신자를 환영할 때 보고는 일어섰다. 바지 안쪽에 감춘 마쳇이 드러나지 않게 하려고 애를 써야 했던 그는 성도들이 꽃다발을 들고 와 뜨겁게 환영해줄 때도, 숨겨둔 마쳇을 붙잡느라 주머니 속 오른손은 어색하기 짝이 없었다.

예배를 마치고 집에 돌아왔을 때 보고는 마쳇을 아내에게 넘겨주며 사실 얘기를 다 했다. 자기도 아내와 아이와 함께 교회에 가겠다고 다짐했다. 그 후로 보고는 토요일 오후마다 교회 입고갈 옷을 다림질한다. 그리고 매일 아침 6시 가족과 함께 기도한다. 그는 아내를 죽이려던 마쳇으로 교회 주변에 자라는 잡초를 베겠다고 하였다.

하나님의 말씀은 살아있고 운동력이 있어
좌우에 날선 어떤 검보다도 예리하여
혼과 영과 관절과 골수를 찔러 쪼개기까지 하며
또 마음의 생각과 뜻을 판단하나니 (히브리서4:12)

# 죽으면 죽으리라

마델렌 집사는 군인이던 남편을 잃고 과부로 지냈다. 그녀는 한 시간 이상을 걸어 새벽기도회와 모든 예배에 빠지지 않고 참석하는 열심 있는 신자다. 가족들은 그녀가 가족이 섬기는 우상 숭배를 거부하고 교회를 다닌다는 이유로 핍박을 하였다.

어느 날 밤 언니 부부가 집에 찾아와서 다짜고짜로 앞으로 교회를 다니지 않겠다는 각서에 사인할 것을 요구하였다. 마델렌이 그럴 수 없다고 하자 언니 부부는 교회에 나가지 말라는 요구를 거부하면 피를 흘리지 않고는 여기서 나갈 수 없다고 위협하였다.

아랑곳 하지 않은 마델렌이 "차라리 주님을 위해 죽겠다"며 단호히 거부하자 극도로 흥분한 언니는 칼로 마델렌을 찔렀다. 그러나 다행히 얼굴에만 상처를 입고 위기를 모면하였다.

위기의 순간에도 주를 위해 죽겠다는 마델렌의 굳건한 믿음은 핍박받고 있던 모든 교인에게 큰 격려가 되었다.

마델렌의 아들 보리스는 한 권사의 후원으로 장학금을 받아 열방학교를 졸업한 후 대학에 다니고 있다.

에스더가 모르드개에게 회답하여 이르되
당신은 가서 수산에 있는 유다인을 다 모으고 나를 위하여 금식하되
밤낮 삼 일을 먹지도 말고 마시지도 마소서
나도 나의 시녀와 더불어 이렇게 금식한 후에 규례를 어기고
왕에게 나아가리니 죽으면 죽으리이다 하니라 (에스더4:15-16)


## 소년 가장


데릭의 아버지는 바람이 나서 여자를 따라 집을 나가서 다른 도시로 갔다. 남편의 행동에 분노한 엄마는 아이들을 버려두고 집을 나가 버렸다.

중3의 어린 나이로 졸지에 소년가장이 된 데릭은 다니던 학교를 그만둘 수밖에 없었다. 그는 시장에서 온갖 잡일을 하며 어린 동생 네 명을 돌봐야 했다. 집을 나간 엄마는 5년이 지나서야 집으로 돌아왔다. 데릭은 엄마에게 동생들을 맡기고 데릭은 고향을 떠나 무작정 수도 야운데로 왔다.

교인의 전도를 받아 우리 교회에 나오게 된 그는 한 집사가 경영하는 제빵 공장에서 제빵 일을 배우기 시작했다. 하지만 그

의 몸은 화덕의 열기를 견디지 못해 자주 아팠고, 또한 간질로 쓰러지기까지 하였다.

그런 와중에도 열심히 교회에 나오는 그가 대견하여 상담을 하게 되었다. "데릭, 빵 공장의 화덕 열기를 견디지 못한다고 들었는데, 너는 어떤 일을 하고 싶니?" "목사님, 저는 농사와 양계를 좋아하고 잘 할 수 있어요." "그러면 교회 땅이 있으니 거기서 농사도 짓고, 양계도 해보자."라고 제안하였다. 이제 그는 돼지와 닭을 키우며 신앙생활을 잘하고 있다.

어느덧 24살, 듬직한 청년이 된 데릭이 사춘기 때 부모로부터 버림받은 상처를 잘 극복하고, 간질도 치유되며, 믿음이 잘 성장하기를 소망한다.

내 부모는 나를 버렸으나 여호와는 나를 영접하시리이다 (시편27:10)

# 꽃으로라도 때리지 말라

다니엘은 예쁘고, 쾌활하고, 찬양을 잘하는 매력적인 여대생이다. 여러 형제들이 다니엘에게 청혼을 했으나 퇴짜를 맞았고, 심지어 담임목사인 내가 추천한 좋은 형제도 예외가 아니었다.

어느 날 그녀가 철야 기도회 때 간증을 하고 싶다기에 시간을 줬더니, 낯 뜨거운 간증을 하였다. "할렐루야, 주님을 찬양합니다. 남자 없이 며칠도 보내기 힘든 내가 벌써 한 달째 남자와 자지 않고 보냈습니다." 성가대원이 이런 간증을 하니 참으로 황당한 일이었다.

얼마 후 그녀는 야운데에서 300km 가량 떨어진 해안도시 크리비에 좋은 직장을 구해 떠났고, 몇 해 만에 임신했다는 소식이 들려왔다. 어느 날 그녀가 내 사무실을 찾아왔다. 나는 어떤 질문이나 책망도 하지 않고 단지 "다윗이나 베드로도 죄를 짓고 넘어졌지만, 주께서 그들을 세워주셨단다. 힘내거라. 주님이 너를 사랑하신다!"며 위로와 격려만 해주었다.

고개를 떨구고 이야기를 듣던 다니엘의 눈에서 눈물이 흐르기 시작했다. 급기야 휴지를 여러 차례 집어 주어야 할 만큼 눈이 퉁퉁 붓도록 펑펑 울었다. 그렇게 한참을 울다가 울음을 그친 그녀가 입을 열었다. "목사님, 모든 사람은 크리스천이 어떻게 그처럼 행동할 수 있냐고 저를 비난했는데, 유일하게 목사님만이 저를 격려해 주셨어요. 너무 감사해요." 어둡던 얼굴이 밝아져 밝은 미소로 인사한 후 그녀는 떠났다. 그 후 다니엘은 아이 아빠와 결혼해서 부부 집사로 교회를 충성되게 섬기고 있다.

둘로스에 머물 때 호주의 정신과 의사인 알렌 아담박사가 디렉터를 맡고 있었다. 40여 개국에서 온 300여 명 가운데 대다수가 10대와 20대의 젊은이들이었으니, 여러 문제가 발생했다. 문제가 일어날 때마다 청년들은 디렉터 사무실로 불려갔다. 그런데 희한한 일은 문제를 일으켜 불려간 청년들이 하나같이 밝은 표정으로 디렉터 사무실을 나오는 것이었다. 알렌박사는 한 번도 잘못한 청년을 책망하지 않았다. 오히려 문제가 있는 청년의 입장에 서서 그와 공감해주고 격려해줄 뿐이었다. 그러나 알렌박사의 상담을 받은 청년들은 변화되었다. "꽃으로라도 때리지 말라"는 책 제목처럼 정죄와 책망보다 격려와 칭찬이 사람을 변화시킨다. 격려와 칭찬은 고래도 춤추게 하는 보약이다.

# 주는 은사

꼴렝스는 직장을 구하지 못한 채 친구 집에 얹혀살고 있었다. 부활절 날 친구 따라 처음 교회에 왔는데, 그날 받은 부활절 계란에 쓰여진 "예수님은 당신을 사랑하신다."라는 문구를 보는 순간 하나님이 자기에게 하시는 말씀이라는 감동이 와서 교회에 나오게 되었다. 그에게는 주는 은사가 있었다. 그는 가진 것이 없음에도 남에게 주기를 좋아했다. 한 시간 이상을 걸어 교회에 오고 집에 돌아갈 때는 대중교통을 이용했는데, 주위에 어려운 사람을 보면 돌아갈 차비를 건네주고 걸어가기 일쑤였다.

루시는 벨기에의 수도 브루셀에서 일하는 치과의사로 화사한 미소를 지닌 자매다. 그녀가 휴가차 카메룬에 왔을 때 "목사님, 저 결혼하고 싶은데 신랑 좀 소개해 주세요" 하기에 "어떤 신랑을 원하는데?"하고 물었다. 그녀는 신랑의 조건으로 세 가지를 제시하였다. 첫째로 믿음이 좋아야 하고, 둘째로 찬양을 좋아해야 하며, 셋째로는 서로 대화가 잘 되도록 최소한 바까로레아 (Baccalauréat:대학입학자격)가 있어야 한다고 했다.

한 주 후에 꼴랭스를 루시에게 소개했다. 꼴랭스는 당시 우리 교회에 출석한 지 두 해 정도 되었는데 모든 예배에 참석하면서 믿음이 성장하였고, 찬양팀 멤버로 찬양을 잘했으며, 대학부 회원이어서 루시가 원하는 세 가지 조건을 다 갖추었다. 게다가 그는 190cm의 훤칠한 키에, 연예인 뺨치는 외모의 소유자였다. 꼴랭스를 본 루시는 첫눈에 반해 매일 만나며 그를 알아갔다.

　꼴랭스를 만난 지 한 주 후에 루시가 찾아왔다. "목사님, 꼴랭스는 바까로레아가 없어요." "어떻게 알았니. 왜 그와 대화가 안 되니?"라고 묻자 루시는 고개를 저으며 "아니요, 대화가 얼마나 잘 되는지 몰라요. 그가 대학을 졸업한 줄 알았어요"라고 했다. "그럼 뭐가 문제야. 신랑과 대화를 하기 위해서 최소한 바까로레아가 있어야 한다며. 나는 꼴랭스가 대학부 모임에 참석하기에 바까로레아 있는 줄 알았어. 학위증이 필요한 거야? 그러면 브루셀에 데려가서 네가 신랑을 공부시켜서 바까로레아를 취득하면 되잖아."라고 설득하였다. 그러면서 바보인 온달을 키워 큰 인물로 만든 평강공주 얘기를 해주었다. 결국 두 사람은 결혼해서 벨기에로 갔다. 꼴랭스는 바까로레아를 따고, 대학을 졸업해서 엔지니어가 되어 좋은 직장에 다니고 있다.

루시는 클리닉에 오는 환자들을 정성껏 친절하게 섬겼다. 단골 환자 중에 한 할머니가 루시를 너무 사랑해서 유산 전체를 그녀에게 주어 꼴랭스 부부는 큰 부자가 되었다. 꼴랭스는 소유를 하나님 영광을 위해 쓰려는 의지가 강해 아프리카 선교를 위해 이미 여러 차례 큰 헌금을 드렸다. 그는 노인을 돌보기 위한 센터를 벨기에에 건축하려는 계획을 갖고 있다.

성령의 은사는 방언과 병 고치는 것과 기적 행하는 것 등만 있는 것이 아니다. 성령의 은사 중에는 주는 은사도 있다. 하나님은 주는 은사를 잘 사용하는 자에게 더 많은 것을 주어 베풀게 하신다.

우리에게 주신 은혜대로 받은 은사가 각각 다르니 혹 예언이면
믿음의 분수대로, 혹 섬기는 일이면 섬기는 일로, 혹 가르치는 자면
가르치는 일로, 혹 위로하는 자면 위로하는 일로, 구제하는 자는
성실함으로, 다스리는 자는 부지런함으로, 긍휼을 베푸는 자는
즐거움으로 할 것이니라 (로마서12:6-8)

주라 그리하면 너희에게 줄 것이니 곧 후히 되어 누르고 흔들어
넘치도록 하여 너희에게 안겨 주리라 너희가 헤아리는 그 헤아림으로
너희도 헤아림을 도로 받을 것이니라 (누가복음6:38)

# 죽음보다 강한 사랑

　메르젤과 까롤린은 교회에서 만나 사랑에 빠졌다. 메르젤은 작은 키에 학교에서 수석을 놓치지 않는 수재이며, 까롤린은 늘 씬하고 찬양에 탁월하며, 부모가 변호사이고, 가족 중에 의사와 교수가 많은 똑똑한 집안 출신이다. 하지만 이들 두 사람의 사랑은 순탄하지 못했다.

　메르젤은 바밀리께 부족이고, 까롤린은 바싸 부족인데 두 부족은 견원지간이었다. 메르젤 엄마가 두 사람이 사귀는 것을 극구 반대하니 자존심이 상한 까롤린 집에서도 반대하게 되었다.

　메르젤 엄마는 두 사람이 만나는 것을 막기 위해 적극적인 행동을 취했다. 먼저 메르젤의 교회출입을 금했고, 그래도 둘이 서로 연락하고 만나자, 경찰서장과 짜고 메르젤을 경찰서에 불러 구타하였다. 그럼에도 불구하고 둘의 사랑을 막을 수 없게 되자, 야운데에서 대학원을 다니던 아들을 휴학시키고, 250km 떨어진 두알라 집에 가두어버렸다. 그뿐 아니라, 아들의 컴퓨터와 핸드폰을 압수하여 까롤린과 연락하는 것을 차단했다.

카메룬주재 대한민국대사관으로부터 한국에 유학 보낼 석사학위 소지자 추천을 부탁받았다. 메르젤에게 알려주자 까롤린도 함께 추천해달라는 부탁을 하여, 두 사람 모두를 추천하게 되었고, 결국 둘 다 대한민국 정부 장학생으로 뽑혔다. 그렇게 둘은 한국에서 유학을 시작하게 되었다.

메르젤은 언어능력이 얼마나 뛰어난지 한국 생활 6개월 만에, 전화상으론 한국 사람인 줄 착각할 정도였다. 그는 천연덕스러우리만치 아줌마 개그도 잘하여 어른들의 사랑을 듬뿍 받았다.

유학생으로 열심히 박사학위 과정을 공부하며, 금지된 사랑에서 자유롭게 사랑의 꽃을 피우게 된 두 사람은 마침내 나의 주례로 결혼하게 되었다. 서울 수정교회는 이들의 결혼을 위해 예식장과 식사 전부를 제공해주었다. 부부는 결혼축의금으로 보증금을 만들어 세를 얻어 신혼생활을 시작하였다.

메르젤은 5년 만에 한양대학교에서 경제학 박사학위를 받았고, 한국에서 직장생활을 하고 있다. 이들은 듀엣 찬양으로 종종 그들의 삶을 간증한다. 이 모든 것이 하나님의 은혜였다고. 두 사람의 결혼을 극력 반대하던 양가 부모들은 손주들도 보게 되고, 한국에서 종종 보내오는 용돈을 받으며, 마음의 앙금이 풀렸다. 카메룬의 로미오와 줄리엣, 메르젤 부부의 사랑은 해피엔딩으로 계속되고 있다.

사랑은 죽음같이 강하고, 질투는 스올같이 잔인하며 불길같이
일어나니 그 기세가 여호와의 불과 같으니라.
많은 물로 이 사랑을 끄지 못하겠고, 홍수라도 삼키지 못하나니,
사람이 그의 온 가산을 주고 사랑과 바꾸려 할지라도
오히려 멸시를 받으리라 (아가서8:6-7)


## 작은 거인


은자나는 155cm의 작은 체구로, 이빨이 다 보일 정도로 늘 환하게 웃는다. 대학을 졸업하고 오랜 기간 직장을 구하지 못했으나 그는 낙심하지 않고 모든 예배에 열심히 참석하며 믿음으로 기도를 계속하였다. 어려운 생활 중에도 유치원 교사로 일하는 부인과 함께 한국에서 손님이 올 때마다 제일 먼저 자기가 지은 흙집에 손님을 초대해서 식사를 대접하였다. 한 번은 우리

집에 찾아와서 천 쎄파(한화 이천 원)를 내 손에 쥐어주며 "목사님, 필요한데 쓰세요."라며 특유의 미소를 지었다(그는 혼자서 한국어를 열심히 공부해서 읽고 쓰고, 간단한 대화를 할 수 있다). 직장 없이 십 년을 지내던 그는 기적적으로 고등학교 교사 발령을 받게 되었다. 뇌물 한 푼 쓰지 않고 십 년 만에 교사 발령이 난 것을 보고, 사람들은 "하나님이 살아 계시다!"고 놀라워하였다.

카메룬은 봉급이 제 때에 정기적으로 지급되지 않는다. 은자나는 교사로 일한 지 일 년 만에 일 년치 봉급을 한꺼번에 받았다. 봉급을 받은 다음 날 그는 월급봉투를 들고 내 사무실에 찾아왔다. 봉투에는 334,500 쎄파(한화 67만원)가 있었다. 2개월 월급 전액 190,000 쎄파, 5개월 월급의 십이조 95,000 쎄파, 다른 5개월 월급의 십일조 49,500 쎄파를 합한 금액이었다.

그는 헌금을 내놓으면서, "이 작은 헌금이 카메룬 북부 도시 가루아에 교회가 건축되는 씨앗이 되었으면 좋겠습니다."라고 하였다. 가루아에서 사진관을 경영하던 박 집사에게 이 사실을 알렸다. 박 집사는 흔쾌히 건축비 일부를 헌금했고, 한국교회에서 나머지 건축비가 후원되어 북부의 도청 소재지인 가루아에 번듯한 교회가 건축될 수 있었다. 은자나의 힘에 부친 헌금이 이슬람 지역인 가루아에 하나님의 집을 세우는 밀알이 된 것이다. 그는 몇 년 후 교사 생활을 접고 신학을 공부하여 목회자가 되었고, 자기 소유 땅에서 교회를 개척한 지 수년 만에 자그마한 예배당을 건축하여 열심히 목회하고 있다.

내가 진실로 진실로 너희에게 이르노니 한 알의 밀이 땅에 떨어져 죽지 아니하면 한 알 그대로 있고 죽으면 많은 열매를 맺느니라
(요한복음 12:24)


## 가난한 배우자


임마누엘은 농촌 마을의 지독히 가난한 집에서 자랐다. 대학에 들어간 그는 고향 친구의 전도를 받아 교회에 나오기 시작했다. 매사에 성실하고 정직하여 신뢰가 듬뿍 가는 청년이었다. 교회의 모든 모임에 빠지는 법이 없었고, 자신에게 주어진 일에 최선을 다했다. 그리고 대학을 졸업한 후 공무원이 되기를 바라던 집안의 기대를 저버리고 신학교에 들어갔다. 천성이 착하고 헌신적이어서 좋은 목회자의 성품을 지녔던 그는 배우자를 위

한 기도도 특이하였다. "주님 믿음이 좋고, 나처럼 가난한 집안 자매를 배우자로 주세요." 가난으로 고생한 사람이 자기를 잘 이해해주고, 어려움이 있어도 함께 극복해 나갈 수 있다고 생각했기 때문이다.

마리 뽈은 어릴 때 아버지를 잃고 가난에 찌들려 살다보니 학비를 댈 수 없어 고등학교에 다닐 수 없었다. 그녀의 가창력은 탁월해서 중요한 기독교 집회마다 찬양 초청을 받았다. 클럽에서도 초청을 받았으나 하나님만을 위해 찬양하겠다며 거절하였다. 마리 뽈은 '카메룬 중창단'의 메인 싱어로 네 차례 한국을 방문해 전국 순회공연을 하면서, 카메룬 선교센터, 신학교, 의과대학 모금에 지대한 공헌을 하였다. 순회공연 일정은 주일 오전 오후 저녁 예배, 수요 오전 저녁 예배, 금요 철야, 그 외에도 청년예배, 기도원, 중고등학교 채플, 그리고 믿음의 기업에 이르기까지 주 5회 이상 공연하는 강행군이었다.

어느 주일 날 아침에 그녀는 자리에서 일어나지 못하고 허리 통증으로 인해 흐느꼈다. 해당 교회에는 이미 광고가 나가서 일정을 취소할 수 없는 난감한 상황이었다. 들려서 봉고 그 상황 속에서도 교회의 양해를 구하고 의자에 앉은 채로 찬양을 하였다.

마리 뽈은 교회 장학금으로 고등학교를 졸업한 후 신학교에 들어갔고, 임마누엘 목사와 결혼하였다.

임마누엘 목사는 대학생 시절부터 30년 넘게 나를 통해 훈련을 받았고, 아내가 된 마리 뽈과 함께 제자훈련을 받았다. 그는 센터교회에서 부목으로 20년간 섬기다가 교단의 모교회가 되는 옴니스포 교회 담임목사로 취임하였다. 매일 성경을 40장 이상 읽으며, 부부가 함께 충성되게 양 떼를 돌보고 있다.

## 가봉의 윌 스미스

팜필은 슈바이처 박사가 운영했던 가봉의 람바레네 병원에서 태어나 의사가 되는 꿈을 가졌다. 그런데 고등학생 때 수도 리브르빌에서 만난 방 선교사로부터 제자 양육을 받으면서 그의 꿈은 목사가 되는 것으로 바뀌었다. 신학을 공부하기 위해 이웃 나라 카메룬으로 건너온 그는 신학교 재학 중 야운데 센터 교회에 출석하여 말씀과 목회를 배우면서, 이 센터 교회와 같은 모델교회를 가봉에 세우겠다는 비전을 품게 되었다.

그는 카메룬에서 신학을 마친 후 센터 교회 창립 멤버인 샹딸과 결혼하여 가봉으로 돌아갔다. 그리고 카메룬에서 받은 비전대로 교회를 섬김과 동시에 신학교를 세워 많은 목회자를 키워내고 있다.

종종 가봉에 가서 세미나를 인도하던 나는 팜필이 사례비를 받지 않고 있다는 사실을 알게 되었다. 담임을 맡고 있는 센터 교회 헌금으로 다른 미자립 세 교회 임대료를 지급해주고, 열 명의 목회자를 후원하느라 재정이 부족하기 때문이다. 일부 철 없는 신학생들은 자신의 결혼비용과 용돈까지 팜필에게 요구하는 등 스트레스를 주었다.

팜필은 나를 멘토로 삼고 따르면서도 자존심이 강하여 자신의 어려운 사정을 한 번도 말한 적이 없었다. 마침 그가 사례비를 받고 있지 못한 사실을 알게 되어 물었다. "재정적인 어려움을 어떻게 해결할 생각인가?" "비싼 세 교회 임대료 탓에 재정적인 압박이 너무 큽니다. 세 교회가 자체 예배당을 가질 수 있도록 건축만 도와주시면 비싼 임대료 지출 없이 충분히 자립할 수 있습니다."고 하였다. 나는 미자립 세 교회 건축을 위해 팜 필과 함께 한국을 방문하기로 결정하였다.

한국에 도착한 팜필을 본 젊은 교인들은 그가 미국 영화배우 윌 스미스를 닮았다며 너무들 좋아하였다. 팜필은 190cm 키에 훤칠하고 잘 생겼고, 샤프하며 동시에 감성이 풍부한 매력 만점 인 리더다. 그는 가는 곳마다 인기를 끌었고, 특히 자매들은 그 와 사진을 찍으려고 난리였다. 세 교회 건축비가 빨리 후원되어 팜필은 교회 임대료의 무거운 짐을 덜게 되었다.

어느 날 팜필이 갑자기 "목사님이 은퇴할 때 우리 교회에서 에쿠스를 사 드릴께요." 하기에 놀라서 "갑자기 에쿠스는 왜?" 하고 물으니 "한국에 있는 목사님들은 좋은 차를 타고 다니는 데 목사님은 카메룬에서 고물차를 고치며 타느라 애를 먹는 것 이 너무 속상해요. 목사님도 좋은 차 타게 해 드리고 싶어요." 라고 하였다. 아프리카 선교 35년 만에 현지인으로부터 자동차 를 사주겠다는 말은 처음 들은 일이다. 그냥 하는 말이려니 흘 려들었으나, 그 생각이 기특하고 기분이 좋아서, "에쿠스는 너 무 비싸고, 아반테 정도면 충분해."라고 하니 그는 고개를 저으며 "에쿠스여야 돼요!"라고 못을 박았다. 그날 이후에도 그는 여러 차례 그 말을 반복하였다. 팜필은 입이 무겁고 매우 신중한 성격인데 정말 의외였다. 은퇴할 때 가봉의 윌 스미스에게서 에쿠스를 선물로 받아 평생 처음 새 차를 소유하게 될지도 모를 일이다.

## 현지인 선교사 파송

제르베는 우리 교회 창립 멤버다. 우리 집 거실에서 예배를 시작할 때부터 열심이 특출한 멤버였다. 그는 신학교 1회 졸업생이고, 교단 1기 목사이고, 교단 부흥사회 초대회장이다. 교회가 성장하면서 현지인 선교사를 파송할 꿈을 갖게 되었다. 한국 선교사가 아프리카에 오면 언어를 배우고 현지에 적응하는 기간을 적어도 10년은 잡아야 한다. 그러나 카메룬인 선교사를 다른 아프리카 국가에 선교사로 파송하면 한국인이 10년 걸리는 기간을 1년으로 단축할 수도 있다. 누구를 1호 선교사로 파송할까 기도하다가 제르베를 보내기로 하였다. 안디옥교회가 5명의 리더 가운데 가장 뛰어난 바나바와 바울을 선교사로 파송한 것처럼, 우리도 가장 뛰어난 제르베를 선교사로 부르키나파소에 파송하기로 하였다.

그런데 부르키나파소에 간 제르베는 뜻밖에도 한국인 선교사와 같은 어려움을 겪게 되었다. 언어의 어려움이 있었다. 같은 불어권임에도 불구하고 부르키나파소에서 사용하는 불어가 카메룬 불어와 발음이 달라 서로 이해하는 데 어려움이 있어 애를 먹었다. 그래서 불어를 불어로 통역하는 코미디가 벌어지게 되었다. 그뿐만 아니라 부르키나파소는 교육수준이 낮아 불어를 이해하지 못하는 사람이 많아서 현지어로 통역해야만 하였다.

기후도 문제였다. 그가 카메룬에서 목회하던 북부 지역은 비교적 시원한 기후였는데 부르키나파소는 사막 기후의 영향으로 섭씨 50도를 오르내릴 때도 있었다. 음식도 문제였다. 그곳 음식은 카메룬 음식과 전혀 달랐다. 카메룬에서 즐겨 먹던 음식을 구할 수가 없었고, 혹시 구해도 가격이 너무 비싸 엄두를 내지 못했다. 문화와 풍습도 같은 아프리카 나라임에도 카메룬과 다른 것이 많았다. 한국 선교사와 비교하면 아무래도 제르베의 적응이 수월하겠지만, 부르키나파소에 적응하는 데 애를 먹으면서 한국 선교사들의 고충을 잘 이해하게 되었다.

선교지에 적응한 제르베는 가는 곳마다 교회를 개척하여 부흥시켰고, 교인들을 십자가 정병으로 강하게 훈련 시켰다. 엄한 훈련을 견디지 못한 교인들은 떠났으나, 끝까지 남은 교인은 마치 군병과 같이 강한 크리스천이 되었다. 다만 한국에서 파송된 선교사와 선교하는 방식과 사고가 서로 잘 맞지 않아 서로 어려움을 겪었고, 결국 한인 선교사가 떠나게 된 아쉬움이 있다. 이 문제는 현지인 선교사와 뒤에 온 한인 선교사와의 관계 설정에 관한 과제를 던져 주었다.

# 안타까운 죽음

차드 사람 실뱅은 카메룬에 와서 신학교를 다녔다. 그는 190cm가 넘는 건장한 몸에 박력이 넘치는 28세 청년이었다. 나는 차드 수도인 은자메나에 교회를 개척했을 때, 많은 박해가 있었으나 그와 함께 시련을 극복해가며 사역을 지속해나갔다.

어느 날 그가 약초인 줄 알고 먹은 풀에 독이 있어 병원에 가게 되었다. 카메룬 중앙병원에 파견 나와 일하던 김 박사와 함께 실뱅이 입원한 병원에 가니 그는 신음 소리를 내며 괴로워하고 있었다.

의사가 위세척하려고 튜브를 입에 넣으려는 순간 불길한 생각이 들어 김 박사께 "병원에서 의사들이 튜브를 식도에 넣다가 실수로 기도에 넣어 죽이는 경우가 있다고 들었습니다."라고 했더니, "에이, 목사님, 그런 의사가 세상에 어디 있어요."라며 웃어넘겼다. 의사가 튜브를 실뱅의 입속으로 집어넣자마자 그의 신음 소리는 그치고 잠잠해졌다. 당황한 의사는 간호사에게 수동 산소 호흡기를 가져오라고 지시했고, 병실을 나간 간호사는 그 다급한 상황에서 다른 사람과 뺨을 맞추며 얘기하고 있었다. 놀란 김 박사가 손으로 실뱅의 가슴을 계속 때렸으나 그의 호흡은 멎고 말았다. 우려했던 일이 눈앞에서 벌어진 것이다. 김 박사는 질식사라고 단정하였다. 순식간에 발생한 일에 당황한 의사는 우리에게 어차피 살 수 없는 상태였다고 변명했으나, 실뱅이 제 발로 걸어간 병원에서 의사의 실수로 죽은 명백한 의료 사고였다. 의사의 실수로 멀쩡한 사람이 죽는 광경을 직접 지켜본 김 박사는 큰 충격을 받아 며칠 동안 잠을 이루지 못했다.

　카메룬 병원에서는 이처럼 어이없는 사고로 많은 사람이 안타깝게 죽어가고 있다. 카메룬 평균수명이 50세를 넘지 않는 원인 중 하나로 실력 없는 의료진을 꼽을 수 있다. 이 사건을 계기로 안타까운 죽음을 막고, 사람을 죽이는 병원이 아니라 살리는 병원을 세우려는 기도가 시작되었고, 기도를 시작한 지 10년 만에 마침내 비전 의대와 병원이 시작되는 은혜를 부어주셨다.

# 남자는 울지 않는다

차드에 함께 교회를 개척하던 실뱅이 의료사고로 죽은 후 아
슬로와 함께 은자메나교회 사역을 계속하였다. 아슬로는 해외
유학을 한 학구파로, 차드 전국청년회 총무를 역임한 리더십 있
는 인재였다. 교회 생활에 열심과 성실이 특별하여 실뱅 후임
사역자로 키우려는 마음을 갖게 되었다. 그에게 신학을 하라고
여러 차례 권유했지만, 그는 그냥 평신도로 섬기고 싶다며 사양
하였다. 가난한 목회자 아버지로 인해 많은 고생과 어려움을 겪
었던 아슬로는 평신도로 섬기면서 아버지처럼 고생하는 목회
자를 돕겠다는 생각을 갖고 있었다. 차드 미국 대사관에서 일하
던 그는 상당한 보수를 받았고 그 돈으로 가족을 돌보며 어려운
사람을 도와주며 살 수 있었다.

순탄하던 그의 삶에 고난이 찾아왔다. 한밤중에 아내에게 산
고가 와서 그녀를 업고 병원으로 달려갔으나 아내가 해산 직후
에 숨진 것이다. 처가 사람들이 신생아를 자기네가 키우겠다고
고집하여 갓난아이를 안고 힘든 장거리 여행을 한 탓에 아이마

저 죽고 말았다. 아슬로의 상실감은 이루 말할 수 없었다. 그는 하나님께 "왜, 내게 이런 고난을 주십니까?" 부르짖으며 힘든 시기를 보내고 있었다.

카메룬에서 매년 진행하는 '4박 5일 성경통독'을 차드 은나메나 교회에도 광고를 냈다. 5일 만에 성경 전체를 읽는다는 소식을 들은 차드 라디오방송국에서 인터뷰를 요청해왔다. "정말로 성경 전체를 5일 만에 읽을 수 있습니까?" 기자들은 도저히 믿을 수 없다는 표정으로 나에게 같은 질문을 반복하였다. 나는 기자들에게 "네. 창세기부터 요한계시록까지 신구약 성경 66권 1189장 전체를 월요일 아침에 시작해서 금요일 정오에 마칩니다. 못 믿겠으면 직접 와서 보세요."라고 확실히 말해 주었다. 당시 성경통독은 차드 교회 역사상 처음 있는 일이어서 크리스천들에게 톱뉴스가 되었다.

성경통독은 예정대로 잘 진행되었다. 기자들은 시작할 때에 와서 보더니 마지막 날에도 참석하였다. 요한계시록 마지막 장을 끝내고 모두 일어나 찬양을 할 때였다. 갑자기 어디선가 괴성과 통곡 소리가 났다. 양복에 넥타이를 맨 아슬로가 사막 모래 먼지로 뒤덮인 성전바닥을 뒹굴며 괴성을 지르고 통곡하는 것이었다. 그 순간 아슬로가 악한 영에 사로잡힌 줄 알고, 당황한 나는 "주님, 성경통독을 마친 이 좋은 날 이 무슨 황당한 일입니까? 기자들이 와서 이 순간을 취재하고 있는데, 주님 영광 가리면 어떻게 합니까?"라고 다급한 기도를 하였다.

성전바닥을 뒹굴던 아슬로가 울음을 멈추고 강대상으로 올라가더니 입을 열었다. "나는 차드 남자입니다. 나는 어려서부터 남자는 울지 말아야 한다는 교육을 받고 자랐습니다. 아버지가 돌아가셨을 때도 나는 울지 않았습니다. 내 아내와 아이가 죽었을 때도 나는 울지 않았습니다.

나는 내 생애 울어본 기억이 없습니다. 그런데 성경을 통독하는 동안 울음과 관련된 구절들이 축구공이 땅에서 튀어 오르듯 성경에서 내 눈앞으로 튀어 올랐습니다.

성경은 눈물과 울음과 통곡으로 가득했고, 성경의 위인들은 눈물의 사람들이었습니다. 내게 눈물을 허락하신 하나님께 감사합니다." 이 경험을 통해 아슬로는 회개하고 신학교에 가기로 결심하였다. 신학교에 가려고 하니 온 가족이 반대하였다. "왜 좋은 직장을 버리고 고생을 사서 하려고 하느냐?"는 그들의 반대는 실은, 그동안 아슬로를 통해 받던 재정적인 도움을 받지 못하게 될 것을 염려했기 때문이었다. 오직 어머니만이 "너도 아버지처럼 훌륭한 주의 종이 되라"고 적극 찬성하였다.

차드에서 신학교를 마친 후 그를 한국으로 보냈다. 언어와 환경의 장벽에도 불구하고 그는 매우 뛰어나서 서울신학대학교 역사상 외국인으로서는 최초로 구약학 Ph.D를 받았다. 그는 현재 카메룬신학교에서 교무처장으로 근무하며, 또 선한목자교회를 개척하여 목회와 강의를 병행하고 있다.

## 용사의 눈물

여러 달 비 한 방울 내리지 않는 건기에 카메룬에서 차드로 여행하다 보면, 모든 강과 시내의 바닥이 드러나고 초목은 말라 갈색 옷을 입는다. 그러나 우기가 되어 비가 내리기 시작하면 말랐던 강바닥에 물이 차오르고, 나무들과 대지는 온통 초록으로 옷을 갈아입는다. 사람의 마음도 건조하면 메마른 사막이 되고, 눈에 눈물이 흐를 때 우리 안에 생명의 역사가 나타난다.

다윗은 골리앗을 무찌른 용맹한 전사였다. 그는 전쟁터에서 너무 많은 피를 흘린 까닭에 성전 건축을 못할 정도로 용사 중에 용사였다. 그런 그가 눈물의 사람이라니 이해가 되는가? 눈물은 결코 여자나 아이처럼 약한 자들만 흘리는 것이 아니다.

내가 탄식함으로 피곤하여 밤마다 눈물로 내 침상을 띄우며 내 요를 적시나이다. 내 눈이 근심으로 말미암아 쇠하며 내 모든 대적으로 말미암아 어두워졌나이다. 악을 행하는 너희는 다 나를 떠나라 여호와께서 내 울음소리를 들으셨도다 (시편6:6-8).

나의 유리함을 주께서 계수하셨사오니 나의 눈물을 주의 병에 담으소서. 이것이 주의 책에 기록되지 아니하였나이까 (시편56:8)

여러 종류의 눈물이 있다. 고통의 눈물이 있고 회한의 눈물이 있다. 한 맺힌 눈물이 있고 원망의 눈물이 있다. 긍휼의 눈물이 있고 회개의 눈물이 있다. 그리고 기쁨의 눈물도 있다. 하나님은 이 모든 눈물을 보신다.

너는 돌아가서 내 백성의 주권자 히스기야에게 이르기를 왕의 조상 다윗의 하나님 여호와의 말씀이 내가 네 기도를 들었고 네 눈물을 보았노라 내가 너를 낫게 하리니 네가 삼 일 만에 여호와의 성전에 올라가겠고 (열왕기하20:5).

나이가 들면서 눈이 건조해 통증을 느낄 때가 있다. 눈이 건조하다는 것은 마음이 메마르고 감정이 메말라가고 있다는 사인이다. 마음이 사막화되어가고 있다는 경보다. 건조한 눈을 눈물로 적시자. 메마른 심령을 눈물로 적시자. 하나님 앞에서 눈과 마음을 적시자. 눈물은 우리를 살리는 하나님의 은혜요 선물이다. 하나님은 우리 눈물을 보신다. 하나님은 우리의 소중한 눈물을 주의 병에 담으신다.

## 돌아온 킹게 박사

킹게 박사는 심장전문의다. 그는 국립 의과대학 교수로, 심장학계에서 이름이 알려진 국제적인 의사다. 안 에스더는 소아과 전문의다. 그녀는 우리 교회의 미인이고, 매주 텔레비전 방송에서 건강강의를 하는 인기 있는 의사다. 킹게와 안 에스더가 우리 교회 집사인 것은 자랑거리였다.

우리 교회는 상가 이층에 세든 작은 교회였고, 사람들이 아시아인 목사인 나를 미심쩍은 눈초리로 바라볼 때 "나는 대한민국에서 온 목사이고, 킹게 박사가 우리 교회 집사입니다."라고 말하면 상대방이 "아, 정말로 킹게 박사가 목사님 교회 집사이 세요?"라고 놀라는 것을 보고 어깨에 조금 힘이 들어가곤 하였다.

내가 안식년 차 세 달간 한국에 갔을 때의 일이었다. 후배 선교사가 철야기도 설교를 마치고, "밤이라 위험해서 나는 먼저 가야 됩니다."라며 집으로 갔다. 그러자 교인들은 "선교사는 자가용으로 집에 가는데도 위험하다고 먼저 가야 한다고? 우리는 새벽에 걸어서 집에 가야 하는데 더 위험하지 않나?"라며 투덜댔다.

세 달 후 한국에서 돌아와 보니 집사들이 수십 개의 질문이 적힌 서신을 연서해서 가져왔다. 질문서에는 "선교사의 사례비는 얼마이고, 현지인 사역자의 사례비는 얼마인가?" 등의 선교사를 비난하기 위한 고약한 질문들로 가득했다. 젊고 혈기 왕성하던 때라 집사들을 향한 분노를 참을 수 없었고, 그들이 내 뒤통수를 치는 배신자라는 생각이 들었다. 그래서 주일예배 광고 시간에 질문서를 언급하며, "나는 집사들의 질문에 대답할 필요를 느끼지 않습니다. 그러니 목사와 교회에 불만이 있는 집사는 교회를 떠나는 것이 좋겠습니다."고 강경하게 말했다. 삼

십 명 가량의 집사 가운데 단 두 명이 교회를 떠났는데 킹게와 안 에스더였다. 그들은 최고 엘리트로서 이런 모멸감을 받아들일 수 없었을 것이다. 두 사람의 떠남은 내게 큰 충격을 주었다. 게다가 '왜 하필 그 두 사람이 떠났나. 차라리 다른 여러 집사가 떠나고 두 사람은 남았더라면…'하는 인간적인 생각을 하고 있는 내 자신이 미워 견딜 수 없었다. 사람을 자랑하고 의지하는 속된 마음이 내 안에 있다는 것을 발견하고 괴로워하며 회개하였다.

그때로부터 10년이 지난 어느 날, 킹게 박사가 아무 연락도 없이 내 사무실을 찾아와 느닷없이 무릎을 꿇고 말했다. "목사님, 10년 전 제가 철없이 행동한 것을 용서해주십시오. 그동안 10년을 야운데 시내의 대표적인 교회들을 순회하며 예배를 드렸는데, 말씀의 갈급함을 채울 수 없었습니다. 목사님 설교가 그리워 이렇게 찾아왔습니다. 저를 다시 받아주십시오." 킹게 박사가 돌아온 것은 너무도 큰 위로와 격려가 되었다. 그는 다시 집사로 임명되었고, 2021년에 개원할 비전병원 준비 위원장으로 활약하고 있다.

# 말씀의 기근

주일예배 후 한 새 신자에게 어떻게 우리 교회에 등록하게 되었는지 물으니 그는 지체하지 않고 대답하였다. "목사님, 제가 지난 6년 동안 야운데 시내 큰 교회들을 방문하여 예배드렸는데 목사님들이 하나님 말씀을 제대로 전하지 않아 계속 교회를 옮기게 되었습니다. 그런데 여기 와서 하나님 말씀이 가감 없이 선포되는 것을 듣고 은혜를 받아, 이젠 6년간의 교회순회를 끝내고 이 교회에 정착하려고 결심했습니다."

"목사들이 말씀을 제대로 전하지 않는다고 하셨는데 한 가지 예를 말씀해 주실 수 있으세요?"라고 부탁을 했더니 다음과 같은 이야기를 시작하였다. "목사님, 베델교회 아시죠?" "네 베델교회를 압니다." 야운데 시내 중심가에 위치한 베델교회는 잘 알려진 규모 있는 교회였다. 그는 "벧엘교회 목사님이 주님의 무덤 문을 막았던 돌이 천사에 의해 굴려진 말씀을 설교하면서, 그 '돌'은 바로 '돈'이라고 하셨어요. 무덤 문을 막았던 큰 돌이 굴려진 것처럼, 큰돈을 헌금하면 부활과 같은 기적이 나타나고, 큰 축복을 받는다고 했습니다. 목사님, 예수님을 반석이라 한 말씀은 들어봤지만, 돈이 반석이라는 말씀은 성경 어디에 근거한 것인지 도무지 이해가 되지 않았습니다."라고 하였다.

베델교회 목사가 돌을 돈이라 해석한 설교는 전혀 놀랍지 않다. 아프리카 20개국을 돌며 '목회자세미나'에서 목사들에게 거수하게 하여 직접 확인한 바에 의하면 아프리카 목사들의 10% 가량만이 성경 일독을 하였다. 나머지 90%는 성경 일독도 하지 않고 목회를 하는 것이다. 그러니 벧엘교회 목사와 같은 황당한 설교가 가능한 것이다. 나는 이 일을 계기로 말씀 사역에 더욱 전념하기로 작정하였다.

주 여호와의 말씀이니라. 보라 날이 이를지라.
내가 기근을 땅에 보내리니 양식이 없어 주림이 아니며 물이 없어
갈함이 아니요 여호와의 말씀을 듣지 못한 기갈이라.
사람이 이 바다에서 저 바다까지, 북쪽에서 동쪽까지 비틀거리며
여호와의 말씀을 구하려고 돌아다녀도 얻지 못하리니
그 날에 아름다운 처녀와 젊은 남자가 다 갈하여 쓰러지리라
(아모스8:11-13)

나이가 들면서 눈이 건조해 통증을 느낄 때가 있다.
눈이 건조하다는 것은 마음이 메마르고 감정이 메말라가고 있다
는 사인이다. 마음이 사막화되어가고 있다는 경보다.
건조한 눈을 눈물로 적시자. 메마른 심령을 눈물로 적시자.
하나님 앞에서 눈과 마음을 적시자. 눈물은 우리를 살리는 하나
님의 은혜요 선물이다. 하나님은 우리 눈물을 보신다.
하나님은 우리의 소중한 눈물을 주의 병에 담으신다.

열방학교

대음악회

창립20주년예배분당

창립20주년

센터예배

70인 기도모임

# 3부

# 후손이 복을
# 받는도다

내가 어려서부터 늙기까지 의인이 버림을 당하거나
그의 자손이 걸식함을 보지 못하였도다.
그는 종일토록 은혜를 베풀고 꾸어주니
그의 자손이 복을 받는도다 (시편 37:25-26)

# 후손의 축복

마나우다 아벨은 모슬렘 가정에서 태어나고 자랐다. 그가 예수를 믿게 되자 아버지는 아들을 집에서 쫓아냈고, 마나우다는 길에서 잠을 자며 구걸도 하는 등 모진 고난을 겪게 되었다.

주의 은혜로 그는 신학교를 나와 목사가 되었고 자신처럼 어려운 처지에 있는 사람들을 위해 이슬람 지역인 카메룬 북부 여러 지역에서 활발한 목회와 구제 사역을 전개하였다. 그는 120세 나이로 주님의 부르심을 받았는데, 자녀들에 의하면 출생신고를 늦게 했기 때문에 실제 나이는 122세라고 한다. 그가 115세 되었을 때, 딸이 아버지 마나우다 목사를 모시고 이스라엘 성지순례를 갔다.

주님의 무덤 안에 들어간 그는 한참을 머물며 무덤에서 안 나가겠다고 버티다가 사람들에 의해 들려 나왔는데, 무덤에서 나오는 순간 그의 상반신이 불꽃으로 가득했고 얼굴에 주님의 얼굴이 나타났다고 동행한 딸은 증언하였다. 마나우다 목사는 열두 자녀를 두었는데 모든 후손이 하나님의 축복을 받았다, 일곱째인 보건부장관 말라시가 우리 교인이다.

내가 어려서부터 늙기까지 의인이 버림을 당하거나 그의 자손이
걸식함을 보지 못하였도다. 그는 종일토록 은혜를 베풀고 꾸어주니
그의 자손이 복을 받는도다 (시편37:25-26)

## 범사에 감사하라

주일에 '범사에 감사하라'는 메시지를 전하면서 '손양원 목사의 감사'를 예로 들었다. 손 목사는 두 아들을 공산당에게 잃고난 후, 열 가지 제목으로 감사기도를 드렸다.

"첫째, 나 같은 죄인의 혈통에서 순교할 자식이 나게 하셨으니 감사합니다. 둘째, 많은 성도 중에서 어찌 이런 보배를 하필내게 맡겨 주셨는지 주께 감사합니다. 셋째, 3남 3녀 중에서도 가장 아름다운 두 아들 장남과 차남을 바치게 된 나의 축복을 감사합니다. 넷째, 한 아들의 순교도 귀하다 하거늘 하물며 두아들의 순교이리요. 감사합니다. 다섯째, 예수 믿다가 제명에죽는 것은 큰 복이라 하거늘 하물며 전도하다 총살 순교 당함을감사합니다. 여섯째, 미국 가려고 준비하던 내 아들, 미국보다

더 좋은 천국 갔으니 내 마음 안심되어 감사합니다. 일곱째, 나의 사랑하는 두 아들을 총살한 원수를 회개시켜 내 아들 삼고자 하는 사랑의 마음을 주신 하나님께 감사드립니다. 여덟째, 내 두 아들 순교의 열매로 말미암아 무수한 천국의 아들들이 생길 것이 믿어지니 감사드립니다. 아홉째, 이 같은 역경 속에서 이상 여덟 가지 진리와 하나님의 사랑을 찾는 기쁜 마음, 여유 있는 믿음 주신 우리 주님께 감사합니다. 열째, 나에게 분수에 넘치는 과분한 큰 복을 내려 주신 하나님께 모든 영광을 돌립니다."

범사에 감사하라는 메시지를 전한 주간에 택시를 타게 되었다. 카메룬에는 버스가 거의 없어 택시를 대중교통으로 이용하는데 문제는 너무 많은 인원이 타는 것이다. 운전사 옆 좌석에 두 명, 뒷좌석에 네 명, 합해서 일곱 명이 정원이다. 그러나 운전석에도 한 사람이 더 타고, 심지어 트렁크를 열고 여러 명을 더 태우는 경우마저 있다.

내가 탄 택시는 운전사 옆에 두 명 뒷좌석에 세 명해서 여섯 명이 비교적 편하게 자리를 잡고 있었다. 그런데 내가 앉은 뒷좌석에 한 아줌마를 더 태웠는데 족히 100킬로는 넘어 보이는 거구였다. 이분이 이미 빈틈없는 자리에 공간을 확보하려고 엉덩이를 좌우로 흔들어 밀어붙이니 왜소한 나는 종이짝처럼 구겨져 호흡이 곤란할 지경이 되었다.

짜증이 나려는 바로 그 순간 '범사에 감사하라'고 전한 주일 설교가 떠올랐다. '교인들에게 범사에 감사하라고 설교했으면 목사가 이런 상황에서 짜증을 내지 말고 감사해야지' 하는 생각이 들어 어떤 감사를 하나 고민할 때 답이 떠올랐다. "주여, 이 여자가 내 아내가 아닌 것을 감사합니다."

범사에 감사하라. 이것이 그리스도 예수 안에서 너희를 향하신 하나님의 뜻이니라 (데살로니가전서5:18)

# 더위 감사

3월부터 몇 달간 계속되는 차드의 더위는 살인적이다. 아침과 늦은 저녁에는 섭씨 30여 도 가량 되지만 오전 10시 이후부터 저녁때까지는 섭씨 40~50도를 넘나든다. 코로 들어오는 사막의 열기에 숨이 턱턱 막힌다. 차를 타면 에어컨이 없어 창문을 열어야 하는데 불타는 사막바람이 차창을 통해 얼굴을 때리고 코로 들어오면 온몸이 불에 타는 것 같아 차라리 창문을 닫는 편이 낫다. 헉헉. 코로 뜨거운 공기를 들이마시니 숨 쉬는 것조차 고통스럽다.

이 계절에 잠자리에 드는 것은 고역이다. 집안은 온종일 태양열에 뜨거워져 화덕을 지펴놓은 듯 열기로 가득하다. 이 열기는 자정이 넘어야 식는데 그 시간까지 기다릴 수 없어 집 마당에 모기장을 치고 잠드는 일이 흔하다. A 선교사 가족도 마당에 모기장을 치고 자다가 집안에 도둑이 들어 컴퓨터와 핸드폰 등 가장 필요한 소지품을 도둑맞는 피해를 당했다.

나는 나름 더위 속에서 잠드는 묘수를 터득해 냈다. 방 안이너무 건조하다 보니 얼굴과 온몸이 가뭄 속의 논밭처럼 갈라지기 때문에 이를 방지하기 위해 우선 방바닥에 물 한 양동이를들이 붓는다. 다음 빨래를 하여 사방에 널어놓는다. 마지막으로샤워를 한 후 팬티만 입은 채 젖은 수건을 배 위에 올려놓고 잠을 청한다. 아침에 일어나보면 물에 흥건하던 방바닥은 완전히 말랐고, 빨래는 명태처럼 말라 접을 수가 없을 정도다.

범사에 감사하라고 했는데 이런 상황에서 어떻게 감사할까 곰곰이 생각하다가 열 개의 감사 제목을 찾아냈다.

첫째. 매일 사우나를 거저 하니 감사합니다. 숨이 탁 막히게 온몸을 덮치는 더위가 사우나에 들어갈 때 바로 그 맛이다. 둘째, 물병을 냉동고에 넣었다가 교회로 가져가 집회 도중에 마시면 얼음이 조금씩 녹으며 생긴 차가운 물이 목을 지나 위로 내려갈 때 그 시원한 기분에 감사합니다. 셋째, 땀에 젖은 옷을 빨아 방안에 널면 세 시간 만에 완전히 건조되어 명태처럼 바싹해지니 옷이 잘 마르지 않아 나는 퀴퀴한 냄새가 전혀 없어 감사합니다. 넷째, 하루 세 번 이상 샤워하니 위생에 좋아 감사합니다. 다섯째, 쓰레기통에 버린 음식이 바짝 말라 냄새가 나지 않고 부패하지도 않아 쓰레기통이 깨끗하니 감사합니다. 여섯째, 사방에 널린 동물의 배설물이 햇볕에 바짝 말라 과자처럼 되니 밟으면 부스러져 불쾌하지 않고, 강한 햇볕에 배설물의 병균이 자동 살균되어 유아사망률이 아주 낮으니 감사합니다. 일곱째, 샤워하려고 물을 틀면 지면에 얕게 묻힌 수도관이 더워져 온수가 나온다(한낮에는 물이 너무 뜨거워 샤워할 수 없고 해가 진 후에 샤워해야 한다). 온수기가 없어도 전기료 걱정 없이 온수로 샤워할 수 있으니 감사합니다. 여덟째, 물을 많이 마셔도 땀으로 다 배출되어 자주 화장실 가는 번거로움이 없으니 감사합니다. 아침 8시에 교회에 가서 오후 2시 집에 들어오기까지 화장실 갈 필요가 없으니 감사합니다. 아홉째, 하루 4 리터 이상의 물을 섭취하니 건강에 아주 좋아 감사합니다. 끝으로, 땀이 나도 건조해서 바로 바르고 무좀 걱정할 일이 없으니 감사합니다. 헉헉. 주님, 더위에 너무너무 감사합니다!

## 아프리카 비행기

아프리카 비행기를 타는 것은 쉬운 일이 아니다. 몇 시간 연착은 다반사이고 반나절이나 심지어 하루를 연착해도 안내방송이 전혀 없다. 영문을 몰라 답답한 승객들은 이리저리 몰려다니며 스스로 상황을 파악해야 한다. 승무원도 정확한 이유와 시간을 모르니 누가 알겠는가.

아프리카 비행기는 영업용 화물을 먼저 보내고 승객의 수화물은 화물칸에 여유가 있을 때 보낸다. 그러니 공항에 도착했을 때 수화물이 함께 오지 않아 짐을 찾지 못하는 경우가 허다하다. 수화물이 도착하는 날짜를 확인하기 위해 항공사에 전화하고, 먼 거리의 공항에 가서 자신의 수화물을 찾아오는 일은 오로지 승객의 책임이다. 아프리카 비행기는 승객의 편의는 고려하지 않고 항공사의 경제적인 이익을 먼저 생각한다. 그러니 승객을 짐짝 취급한다는 말이 나오는 것이다.

코트디부아르에서 목회자세미나를 마치고 시간 여유가 있어 미리 공항에 도착했는데 비행기는 정해진 시간 전에 이미 떠나버린 일이 있었다. 항공사 직원에게 항의했으나 사전에 메일로 통보했다는 변명뿐이었다. 많은 승객이 공항에 도착해서 항의하는 것을 보면 사전에 통보하지 않은 것이 확실하다. 계획한 일정이 틀어지고 시내로 되돌아가 호텔을 잡는 등의 손실은 죄 없는 승객이 감내해야 한다.

카메룬 두알라 공항에서 구입한 항공권을 가지고 비행기를 타려는데 좌석이 없단다. 왜 좌석이 없느냐고 항의했더니 급한 사정이 있는 분이 생겨 어쩔 수 없다는 변명뿐이다.

  카메룬 북부 도시 마루아 공항에서 탑승권을 받아들고 기다리는데 모슬렘 일행 수십 명이 줄지어 들어오더니 먼저 탑승하였다. 그들이 탑승한 후 승무원이 태연스럽게 말했다. "우리 형제 신도들이 메카에 급히 성지순례 가기 때문에 탑승권을 받은 분 중에 메카에 가는 사람 수만큼 좌석을 양보해야 합니다." 탑승권을 받아들고 기다리던 승객들은 어처구니없는 승무원의 말에 어안이 벙벙하였다. 승무원이 먼저 탑승할 수 있는 승객의 자격을 발표하였다. 첫째로 아이를 동반한 사람, 둘째로 외교관, 셋째로 선교사. '아니 이게 웬일! 선교사가 탑승 우선순위에 들다니. 할렐루야.' 아이를 동반한 사람들이 타는데 한 아이가 악을 쓰며 울었다. 한 남자가 그 아이 아빠인 척하고 아이를 데리고 타려 하니 아이가 발버둥 치며 운 것이다. 외교관 다음으로 선교사가 탈 차례가 되어 탑승권을 내미니 승무원이 내 얼굴을 보더니 백인 선교사만 된다고 거절하였다. 기가 막혀서 "내 비자가 곧 끝나서 갱신하지 못하면 출국해야 하는데 당신이 비용을 책임질 수 있습니까. 백인 선교사만 선교사이고 아시아인 선교사는 선교사가 아닙니까. 왜 인종차별을 합니까?"라고 거

세게 항의하여 겨우 비행기를 탈 수 있었다. 비행기에 탑승하여 앉아 있는데 승무원이 앞 좌석에 앉아 있는 승객에게 다음 비행기를 타라고 요구하였다. 승객이 화를 내며 거절하니 정부 관리가 급히 출장 가야 한다며 저항하는 승객을 두 명의 승무원이 완력으로 끌어내렸다.

아프리카 비행기는 시간 전에 공항에 가도, 탑승권을 받아 대기해도, 비행기에 들어가 좌석에 앉아도, 떠난다는 보장이 없다. 아프리카에서는 비행기가 이륙해야만 확실히 떠나는 것이다.


## 자족하기


다빗은 중학교만 나왔으나 탁월한 언변의 소유자로 청중을 사로잡는 능력이 있었다. 그는 복음에 대한 열정이 대단하여 혼자 카메룬 동부 밀림 지역에 들어가 살며 전도를 하였다. 밀림 지역을 순회하다 길에서 전도하던 그의 열정에 감동하여 그와 함께 밀림 지역 사역을 하게 되었다.

황톳길을 걸어 다니며 고생하는 그에게 자전거를 사주었다. 다리가 부르트도록 온종일 걸어 다니다 자전거를 타게 된 그는 너무 좋아서 입이 귀에 걸리며 휘파람 노래를 불렀다. 자전거를 타고 다니면서 그의 이동 거리가 늘게 되고 숲속 외딴 마을마다 복음이 전해졌다. 그러던 어느 날 그가 말했다 "목사님, 통역하는 청년을 종종 자전거 뒤에 태우고 다니는데 언덕길을 오를 때는 자전거를 끌고 걸어가야 하니 힘이 드네요. 오토바이가 있으면 좋겠어요."

나 자신도 재정적으로 힘든 상황에서 어렵게 오토바이를 사주었다. 그는 너무 좋아 공중에 펄쩍 솟구치며 엉덩이춤을 추었다. 오토바이를 타고 숲길을 달리며 신바람이 난 그의 입에서는 찬양 소리가 울려 퍼졌다. 일 년이 지났을까 그가 기쁨이 사라진 침울한 표정으로 말했다. "목사님, 비 오는 날 오토바이를 몰고 이웃 마을에 가다가 진흙 길에 오토바이가 미끄러지면서 숲속에 처박혔어요. 하나님이 보호하시지 않았다면 큰 사고가 났을 거예요. 두 바퀴로는 빗길에 위험해요. 네 바퀴가 있어야 하겠습니다." 자동차가 필요하다는 얘기였다. 황톳길을 걸어 다니며 기쁨으로 복음을 전하던 그가 왜 이렇게 변했을까. 자전 거와 오토바이를 사준 내가 잘못인가. 다빗은 가진 것에 만족할 줄을 몰랐다. 그는 아내에게도 만족하지 못하여 그녀를 떠나 다른 여자에게 갔고, 결국 나와 결별하게 되었다.

은을 사랑하는 자는 은으로 만족하지 못하고 풍요를 사랑하는 자는 소득으로 만족하지 아니하나니 이것도 헛되도다 (전도서5:10)

그러나 자족하는 마음이 있으면 경건은 큰 이익이 되느니라. 우리가 세상에 아무 것도 가지고 온 것이 없으매 또한 아무 것도 가지고 가지 못하리니 우리가 먹을 것과 입을 것이 있은즉 족한 줄로 알 것이니라 (디모데전서6:6-8)


# 아프리카 70인 기도모임


 2006년 7월7일에 한국에서 뜻있는 7명의 크리스천이 모여 '아프리카 70인기도모임'을 시작하였다. 70이란 수는 구약의 70 장로와 신약의 70 제자에서 가져왔다. 이 모임은 서로 다른 정통 교단과 교회에 각자 소속되어 있지만, 오직 아프리카를 위해 기도하기로 뜻을 모은 평신도 중심의 모임이다. 사무실이 없고, 고정된 예배 장소도 없이 모든 부대비용은 자비량 선교의 정신을 따른다. 뜻을 같이하는 교회들에 문의해 담임목사의 인도로 예배가 드려지기도 하고, 한국을 방문 중인 선교사들을 초청하여 생생한 현지 상황을 직접 들으며 아프리키 복음화를 위해 뜨겁게 기도한다. 때때로 장소가 여의치 않을 때는 가정집에서 모이기도 했지만, 얼마 전부터 한 가정의 헌신으로 대학로에 위치한 공연장에서 정기기도모임을 가질 수 있게 되었다.

임원들은 소수지만 일당백의 역할을 하고 있다. 김 권사는 100회 넘는 기도회를 인도한 기도의 사람이고, 박 장로는 십여 년 동안 회장으로 본을 보인 든든한 기둥이며, 한 권사는 사랑이 넘치는 자상한 봉사자이고, 강 권사는 열정적인 찬양사역자며, 신 집사 부부는 대학로 공연장을 모임을 위한 장소로 내놓고 세심하게 모임을 이끄는 실무책임자다. 이 장로는 회장직을 이어받아 솔선수범하며, 신 장로는 나중 된 자로서 먼저 된 자고, 김 집사는 소식지 편집자다. 임원들 외에도 많은 분의 헌신을 통해 '아프리카 70인기도모임'은 계속되고 있다. 이들은 아프리카에서 보내오는 기도 제목을 놓고 매월 한 번씩 모여 기도하며, 긴급한 기도 제목이 있으면 문자로 발송하여 선교지 시간에 맞춰 실시간으로 기도한다.

이 모임은 15년간 기도를 지속해오면서 회원 수도 늘어나고 후원하는 선교사들도 늘어나 사역의 지경이 넓어짐에 따라, 2018년 1월에는 '러브아프리카'라는 이름의 비영리 사단법인으로 발전하였다. 이들의 기도와 헌신을 통해 아프리카 땅에 많은 교회가 건축되었고, 우물을 팠으며, 유치원, 초등학교, 중고등학교, 신학교, 의과대학과 병원이 세워졌다. 지금은 카메룬뿐 아니라 불어권 아프리카 17개국의 선교사들을 위해 집중적으로 기도하고 있다.

아프리카를 위해 기도하며 헌신하는 임원들과 회원 한 사람한 사람에게 마음을 다해 감사드린다. 부족한 사람이 아프리카 땅에서 선교사역을 감당할 수 있는 것은 기도모임의 지속적인 중보기도와 후원에 힘입은 바가 크다. '아프리카 70인기도모임'은 아프리카 선교사들에게 큰 용기와 격려가 되는 여호수아 군대요, 아론과 훌 같은 중보기도 용사들이다.

진실로 다시 너희에게 이르노니 너희 중의 두 사람이 땅에서
합심하여 무엇이든지 구하면 하늘에 계신 내 아버지께서 그들을
위하여 이루게 하시리라. 두 세 사람이 내 이름으로 모인 곳에는
나도 그들 중에 있느니라 (마태복음18:19-20)


# 열방학교


아프리카 소녀들을 생각하면 가슴이 미어진다. 어려서 친부
나 친척에게 성폭행을 당하고, 15세 정도가 되면 배고픔을 해
결하기 위해 군인들과 잠을 자고, 매일 바에 가서 술을 마시고,
생활비는 주지 않는 동거남 때문에 길에서 땅콩을 팔고, 임신
해도 병원 갈 형편이 안되어 집에서 혼자 유산이나 출산을 하
다 죽기도 하는 어린 소녀들이다. 십대 소녀들에 의해 대책 없
이 태어난 아이들은 친척 집에 맡겨져 방목상태로 외로이 자라
게 된다. 그 아이들이 십 대가 되면 누군가의 관심과 사랑을 미
치도록 그리워하기 마련이어서, 그들은 그 사랑이 자신을 어떠
한 불행으로 이끌지 생각조차 하지 못한 채 무작정 사랑에 뛰어

드는 불나방이 된다. 카메룬 소녀들은 대부분 부모 형제와 선생 그리고 친구들의 영향으로 십 대에 성을 알게 된다. 태어난 아이들은 시골에 사는 가족(주로 조부모)에게 맡겨지지만 실제로는 혼자 자란다. 부모와 친척, 이웃과 선생, 그 누구도 그들에게 바른 교육을 하지 않기 때문에 이런 일들은 반복해서 일어난다.

이런 악순환의 고리를 끊기 위해 열방 중고등학교(All Nations School)를 시작하게 되었다.

13,000평 밀림 속에 세워진 열방 학교는 단순히 교육 사업으로 하는 학교가 아니다. 열방 학교는 기숙사 생활을 통해 세상의 나쁜 풍습으로부터 십 대 아이들을 보호하고, 매일 기도와 말씀으로 하나님을 경외하는 삶이 습관이 되도록 훈련하는 학교다. 기숙사는 방마다 열두 명의 학생들이 함께 생활하며 G12(예수 열두 제자운동) 훈련을 받는다. 열방 학교는 예수의 정병을 키우는 군사학교, 크리스천 리더를 키우는 지도자학교가 될 것이다. 모든 교사는 가능한 한 이 비전에 동의하는 크리스천이어야 하고 실력과 영성을 겸비해야 한다.

밝고 평화로운 가운데 믿음과 실력을 쌓는 학교로, 졸업생 모두가 바깔로레아(프랑스 대학입학 자격) 시험에 합격하고, 누구나

이 학교에 들어오려고 서로 경쟁하는 크리스천 학교로 성장해 가기를 소망한다.

열방 학교가 세워지기까지 안과의사인 조 박사 부부의 희생적인 헌신이 있었다. 학교가 세워진 후에는 매년 받는 보험금을 학생들의 장학금으로 보내주고 있어 목회자 자녀나 어려운 아이들도 다닐 수 있게 되었다. 교실 몇 개로 미약하게 시작된 열방 학교는 해마다 발전을 거듭하여 영어 과정과 불어 과정의 14개 반을 갖춘 어엿한 중고등학교가 되었고, 초등학교와 유치원이 추가되면서 유치원부터 고등학교 과정을 한 캠퍼스에서 계속할 수 있는 명문 크리스천학교가 되어가고 있다.

## 비전 의과대학

카메룬 북부도시 가루아에서 사역하던 후배 선교사로부터 기흉에 걸렸다는 전화가 왔다. 기흉은 폐에 바람이 들어가 부풀어

오르는 병이어서 항공편으로 수도의 큰 병원으로 올 수가 없었다. 가루아는 도청 소재지여서 도립병원이 있고 외과 전문의도 있다. 그러나 가루아 병원 의사는 간단한 기흉 수술에 자신이 없는지 여러 핑계를 대며 회피하였다. 하는 수 없이 김 박사와 함께 비행기로 가루아에 갔다. 김 박사는 환자를 의자에 앉히더니 풍선처럼 부풀어 오른 폐에 구멍을 뚫었다. 수술 시간이 십분 정도 걸린 간단한 수술이었다. 김 박사는 기흉은 의대생들도 폐에 구멍을 뚫어 응급조치할 수 있는 간단한 병이라고 하였다.

김 박사는 야운데 중앙병원에서 10여 년 근무하며 큰 수술을 도맡아 한 외과 전문의다. 그에 의하면 유럽에 유학 가서 의학을 공부하는 아프리카 학생들은 백인 환자들이 흑인에게 몸을 맡기려 하지 않기에 직접 수술을 실습하지 못하고 곁에서 지켜만 보다가 졸업하게 되고 아프리카에 와서 환자를 대상으로 실습을 하다 사고가 난다고 한다.

2009년 카메룬에 방문하여 국립 의과대학과 대표적인 종합병원들을 방문한 코이카(한국국제협력단) 실사단은 카메룬의 의료수준이 대한민국보다 30년 이상 뒤진다고 평가하였다. 카메룬의 평균수명은 50세가 못 된다. 아이들과 청소년들이 낙후된 의료수준으로 인해 충분히 살릴 수 있는 경우인데도 안타깝게 죽어가기 때문이다. 교회 나온 지 두 달 된 한 자매는 병원에 제 발로 걸어간 7세 된 아이가 주사 맞은 후 갑자기 죽었다며 흐느 꼈다. 집에서 혼자 아이를 유산시키려다 죽은 십 대 소녀도 있 다. 한 청년은 약초를 잘못 먹어 병원에 갔다가 위세척하려던 의사가 호스를 식도에 삽입하려다가 기도에 잘못 삽입하는 바 람에 질식사했다. 한 형제는 의사가 아픈 부위를 놔두고 엉뚱한 부위를 수술한 후유증으로 죽었다.

카메룬은 세계에서 가장 부패한 국가에 여러 차례 이름을 올 렸다. 부패는 사회 모든 분야에 만연해있으며 의료분야는 더욱 심각하다. 생명을 구하는 일보다 개인적인 부를 축적하는 데 관 심이 있으며, 환자가 앞에서 죽어가도 웃돈을 주지 않으면 방치 하는 의사가 있으며, 근무하는 병원에서 환자를 치료하는 대신 의사의 집으로 환자를 오게 하여 특진비를 받고 진료하는 경우 도 있다.

카메룬 의료 인력의 부족 상황은 매우 심각하다. 해가 갈수록 의료 인력의 해외유출은 증가하는 추세다. 현재 카메룬에는 5,000명의 의사가 활동 중이고, 해외에서 일하는 카메룬 의사는 5,500명으로 추산한다. 의사 1명당 환자의 비율은 더욱 심각하다. 세계보건기구가 인구 1,000명당 의사 한 명의 비율을 권장하는 데 반하여 카메룬은 인구 10,000명당 의사 한 명의 비율이다. 그것도 의사들이 주로 대도시에 몰려있기 때문에 중소도시나 지방에서는 의사의 진료를 받지 못하는 지역이 많다. 우리가 세운 비전 의과대학을 통해 많은 사람을 살리는 실력 있고 헌신된 크리스천 의료인들이 배출되기를 소망한다.

## 밀림 속에 세워지는 교회

카메룬 동부는 아프리카에서도 나무가 울창한 밀림 지역으로 잘 알려져 있다. 밀림 안에는 신장이 150cm 정도로 작은 난쟁이 부족인 '피그미족'이 흩어져 자그마한 공동체를 이루어 살고 있다. 피그미족은 모계 중심 사회로 사회와 학교로부터 스스로 고립되어 열매 채취와 사냥으로 살아가며 지금도 추장이 소지한 부싯돌로 불을 피운다. 밀림 속에는 학교도 교회도 없어 피그미족은 복음을 들어보지 못한 미전도 종족으로 살아가고 있다. 피그미족에게 복음을 전하려고 이십여 년 전에 밀림 지역 사역을 시작하게 되었다. 주의 은혜로 밀림 지역에 60여 개의 교회가 세워졌고, 그중 피그미족만 모이는 교회가 다섯 개다.

피그미족 중에 목사는 아직 없고, 로제를 목사 후보생으로 키우고 있다. 로제는 카메룬에 와서 사역하다 떠난 이탈리아 신부와 피그미 여자 사이에서 태어났다. 이것은 카메룬 사회에서 도저히 있을 수 없는 사건이다. 카메룬 사람들은 피그미족을 사람과 짐승의 혼혈이라 생각해서 짐승 취급하기 때문이다. 피그미족은 방간도족 (동부지역의 주류부족)의 모임에 끼지 못하며 방간도족에게 자신들이 사냥한 짐승을 바치고 소금이나 생필품 등을 받으며 노예처럼 살아간다. 그들은 방간도족의 예배당에 들어가지 못하고 문밖에서 기웃거릴 뿐이다.

이 밀림 지역에 매년 단기선교 팀이 방문한다. 그 길은 왕복 1,800km의 멀고도 험한 길이다. 오가는 데에만 닷새를 잡아야 하므로 열흘가량이 필요하다. 이 길은 원목 운송을 위하여 밀림 가운데를 불도저로 밀어 길을 낸 황톳길로, 원목을 가득 실은 트레일러들이 끊임없이 다니다 보니 곳곳이 파이고 웅덩이가 생겨 도로 상태가 엉망이다. 길이 워낙 울퉁불퉁하여 자동차의 바닥이 길에 닿아 안에 타고 있으면 천장에 머리 찧기를 계속 반복하게 된다. 최고의 운전자만이 운전할 수 있다. 비가 오면 자동차가 진흙 길에 미끄러져 사고가 나고, 비가 오지 않으면 흙먼지에 앞이 안 보이고 목이 막히며 코에서는 황토물이 나온다. 비가 와도 문제고, 해가 나도 문제다. 가는 길에 식당이나 가게가 거의 없으니 음식은 현지 교인들이 제공하는 원숭이 독수리 코끼리 개미핥기 토끼 사슴 고슴도치 멧돼지 닭 돼지 염소 등을 먹고, 흙집에서 모기와 싸우며 잠을 청한다. 밀림 속에 구덩이를 파고 나무판자로 받침을 걸치고 나뭇잎으로 얼기설기 막은 임시화장실에서 볼일을 보거나, 차라리 깨끗한 대자연에서 뱀이나 짐승의 습격을 염려하며 일을 보는 편이 낫다.

밀림의 밤은 빛이 전혀 없어 그야말로 칠흑같이 어둡고 집안에서는 아무것도 보이지 않는다. 한 번은 단기선교 팀 형제가방에서 자다가 밤에 일어나 밖에 나가 용변을 봤는데 다음 날 아침에 보니 거실에서 일을 본 사실이 들통나서 놀림을 받은 일이 있었다. 인공적인 빛이 전혀 없기에 밀림의 밤하늘은 더욱 아름답다. 도시에서는 공기 오염으로 인해 볼 수 없지만 밀림의 밤하늘에서 쏟아지는 별들은 모든 사람의 탄성을 자아낸다.

한 피그미 남자가 미국에 초청받아 간 일이 있었다. 그를 초청한 사람이 피그미 남자에게 오늘 당신을 위해 최고의 오성 호텔을 잡았다며 어깨를 으쓱하였다. 그 말을 들은 피그미 남자가 빙긋이 웃으며 대답하였다. "화이브 스타(five stars) 호텔이 별건가요. 우리는 매일 밤 밀리온 스타(millions stars) 호텔에서 자는데요." 매일 밤 밀림 한가운데 누워 하늘에서 쏟아지는 헤아릴 수 없는 별들을 보며 잠자는 그들의 행복을 말한 것이다.

박 장로는 밀림 지역에 열 번 넘게 다녀오면서 나뭇잎으로 엉성하게 지은 예배 처소를 보고 열 개의 예배당을 지으려는 비전을 갖게 되었다. 재정적 어려움으로 아내가 경영하던 약국을 팔고 테이블 일곱 개의 자그마한 식당을 시작하였다. 그리고 식당 한편에 밀림 지역교회 사진과 아프리카에 열 교회 건축이라는 현수막을 붙였다. 아내 권사는 요리하고 남편 장로는 서빙을 해서 한 해 번 돈으로 매년 한 교회를 밀림 지역에 짓는다. 이처럼 박 장로 부부의 헌신을 통해 매년 한 개의 번듯한 예배당이 밀림 지역에 세워지고 있다.


## 내일 일을 알 수 없다


차드에 다녀온 것은 주의 은혜였다. 저녁에 야운데에서 야간 열차를 타고 열다섯 시간을 달려 카메룬 북부 가운데리 역에 도착하여 삼십인 승 버스를 탔는데 이게 웬걸. 손님을 절반도 안 태우고 떠나는 것이었다. 물론 도중에 계속 손님을 태우기는 했지만 아주 편히 몇 시간을 갔다. 그러나 그 다음이 문제였다.

차드 국경을 삼십 킬로 남겨두고 금방 부스러질 것 같이 낡은 승용차로 옮겨 탔는데 트렁크와 지붕 위에 짐을 산같이 싣고, 운전사 옆좌석에 두 명, 뒷좌석에 네 명 모두 일곱 명이 꾸겨져 탔다. 사람이 많이 탈 때는 승용차에 이십 명도 타는데 이 정도 는 약과라는 말에 웃음만 나왔다. 차드 국경에 도착해서는 다시 삼십인 승 버스에 열 명이 타고 아주 편히 차드 남부 도시 문두로 갔다. 보통 버스에 정원이 다 차기까지 몇 시간이고 기다리다 떠나는 데 이번에는 두 번이나 빈 차로 떠났다!! 다음 날 아침은 팔십 명 정원의 벤츠 버스를 탔는데 에어컨에 텔레비전, 그리고 음료수 제공까지 되는 호화로운 여행을 하였다. 이렇게 하여 카메룬을 떠난 지 사흘 만에 차드의 수도 은자메나에 도착하였다.

이번 차드 방문의 하이라이트인 일곱 명의 목사안수식에서 신임 목사들에게 위대한 목회자 바울을 닮으라는 말씀을 전했다. 바울의 성공적인 목회의 비결은 일곱 가지로 요약할 수 있다. 겸손, 눈물, 성령 사역, 시련 극복, 말씀 사역, 물질초월, 기도. 나를 비롯한 신임 목회자들이 바울을 본받았으면 하는 간절한 소원으로 말씀을 전했다.

사흘간 은자메나에 머문 후 다시 카메룬으로 돌아오는 길은 지옥 같았다. 차드 국경에서 250킬로 떨어진 마루아로 오는 길에서는 12인승 봉고 버스에 15명이 탔다. 나는 뒷자리 구석에 끼여 탄 상태로 길이 너무 험해 천장과 옆에 계속 부딪히며 가느라 허리와 오른팔과 목에 타박상을 입었다. 그래서 국경에서 500킬로 거리의 가루아에 도착해서는 파스를 온몸에 붙이고 드러눕게 되었다.

그런데 그것마저도 주의 은혜였음을 바로 알게 되었다. 우리가 지나간 직후에 우리 차를 바로 뒤따라오던 차량에 탄 프랑스인 일곱 명이 숲속에 매복했다가 튀어나온 무장 강도들에게 납치되어 행방불명 된 것이다. 매 순간이 주의 은혜다. 매일 호흡하는 것이 기적이다.

너는 내일 일을 자랑하지 말라 하루 동안에 무슨 일이 일어날는지 네가 알 수 없음이니라 (잠언27:1)

들으라 너희 중에 말하기를 오늘이나 내일이나 우리가 어떤 도시에 가서 거기서 일 년을 머물며 장사하여 이익을 보리라 하는 자들아 내일 일을 너희가 알지 못하는도다. 너희 생명이 무엇이냐 너희는 잠깐 보이다가 없어지는 안개니라 (야고보서4:13-14)

# 생명의 주인-1

　선교센터를 봉헌하기 위해 수정동교회에서 단기선교 팀이 왔다. 모든 행사를 마치고 크리비 해변에 가서 휴식을 취하는데, 부산에서 오신 분들이라 그런지 바다에서 물고기처럼 수영을 즐겼다. 서 장로님과 해변에 앉아 대화하는데 먼바다에서 해변으로 돌아오던 정 장로님이 우리를 손짓으로 부르셨다. 서 장로님이 바다에 들어와 함께 수영하자고 부르시는 것으로 생각하고 "우리는 그냥 해변에서 얘기하렵니다. 장로님 혼자 하이소" 하자 정 장로님은 계속 태연히 손짓으로 우리를 부르셨다. 우리가 물에 들어가지 않겠다고 해도 정 장로님이 계속 손짓을 하는 것을 보자 서 장로님이 "선교사님, 아무래도 이상합니다. 가봐야 하겠습니다."하고 달려가셨다.

　알고 보니 정 장로님은 해변으로부터 바다 쪽으로 밀려 나가는 썰물 파도가 매우 강해서 해변으로 들어오다가 파도에 지쳐 더는 앞으로 나가지 못하는 상태였다. 서 장로님은 막대기 하나를 집어 들고 바다에 들어가 수영으로 정 장로님을 해변 쪽으로 끌어왔다. 하지만 정 장로님은 거구였고, 파도도 몹시 거칠어 구하러 가신 서 장로님마저 탈진해서 두 분이 해변으로 다가오지 못하고 있었다. 수영할 줄 모르던 나는 해변 가까이 접근한 두 분을 끌어당기려고 조심스럽게 한 걸음 두 걸음 두 분 장로님 쪽으로 들어가는데 완만하던 바닥이 갑자기 깊어지며 발이 바닥에 닿지 않았다.

나는 물에 빠져 허우적거리느라 정신이 없었다. 세 사람이 바다에서 익사할 위기의 순간이었다. 바로 그 순간 갑자기 강력한 파도가 해변 쪽으로 밀려왔다. 파도에 밀려 물속에서 공처럼 데굴데굴 구르다 잠시 후 정신을 차려보니 세 사람 모두 해변 모래 위로 밀려와 있었다. 정 장로님은 의식을 잃었으나 잠시 후 깨어나셨다. 하나님은 썰물 파도를 슈퍼 밀물 파도로 바꾸어 우리 세 사람을 살려주셨다.

이제는 나 곧 내가 그인 줄 알라 나 외에는 신이 없도다.
나는 죽이기도 하며 살리기도 하며 상하게도 하며 낫게도 하나니
내 손에서 능히 빼앗을 자가 없도다 (신명기32:39)

# 생명의 주인-2

코트디부아르에서 여러 차례 열린 목회자세미나에 한 번도 빠지지 않고 참석하는 목사가 있다. 그는 베넹인 실라 목사로 버스를 대절해서 수십명의 목사들과 함께 200km 넘는 거리를 이동하여 세미나에 열성적으로 참석하였다. 그가 자신의 교회가 있는 메아기 마을에 와서 그 지역 목사들을 위한 세미나를 인도해달라고 수차례 요청하여 마침내 메아기에 가게 되었다. 실라 목사는 우리 일행이 먼 곳까지 찾아와 준 것이 고마워 정성을 다해 섬겼다.

세미나 셋째 날 말라리아 증상이 왔다. 말씀을 전하는데 진땀이 나고, 온몸에 힘이 빠지고, 다리가 후들거려 서 있기조차 힘겨웠다. 마이크 대를 잡고 끝까지 버티며 힘겹게 세미나를 마치고 황 선교사가 운전하는 승용차 뒷좌석에 드러누워 아비장으로 돌아가고 있었다. 누운 채로 잠시 잠이 들었는데 갑자기 차가 심하게 흔들리며 몸이 좌석 밑으로 떨어졌다.
정신을 차려보니 차가 도로를 벗어나 둔덕 아래에 떨어져 있었다. 아비장으로 가는 길은 왕복 4차선으로 넓은 포장도로이다. 중앙은 풀이 자라는 초지로 분리되어 있는데, 갑자기 트럭이 역방향에서 속력을 내어 우리 차를 향해 질주하는 아찔한 상황이 벌어진 것이다.

사고가 난 지역에는 중앙에 철제분리대가 있고 이 차선 도로에는 많은 차량이 고속으로 달리기에 피할 길이 없어 정면충돌할 수밖에 없는 위태로운 상황이었다. 그런데 천만다행으로 사고가 난 지역에만 철제분리대가 없어 황 선교사가 중앙의 수풀지역으로 급히 핸들을 꺾어 가까스로 충돌을 피할 수 있었다. 사고를 낸 트럭은 멈추지 않고 계속 빠른 속도로 달려 시야에서 사라져버렸다.

중앙이 수풀로 분리된 도로에서 트럭이 역방향으로 속도를 내어 질주한 것은 도무지 있을 수 없고 이해할 수 없는 일이었다. 하나님은 위험한 사고로부터 두루 다니며 복음을 전하는 우리 세 사람을 구해주셨다. 둔덕에 떨어진 차량을 들어낸 후 황 선교사가 빙긋이 웃으며 말했다. "윤 목사님과 함께 다니면 절대로 죽지는 않으나 죽을 위기는 수시로 겪습니다."

내가 사망의 음침한 골짜기로 다닐지라도
해를 두려워하지 않을 것은 주께서 나와 함께 하심이라
주의 지팡이와 막대기가 나를 안위하시나이다 (시편23:4)

## 생명의 주인-3

카메룬 동부지역은 도로가 비포장이고 험해서 종종 큰 사고
가 난다. 밀림 지역에서 원목을 운반하는 트레일러 기사들이 수
당을 더 받기 위해 속도를 내어 달리면 흙먼지가 시야를 가려
잠시 서행하며 먼지가 사라지기를 기다려야 한다.

트레일러에 적재한 지름 일 미터 넘는 원목이 떨어져 옆으로
지나던 차량을 덮쳐 인명피해를 입기도 하고, 폭우로 도로가 끊
기면 양편에서 오는 차량이 서로 승객을 바꿔 출발지로 되돌아
가기도 한다. 도중에 차가 고장 나면 차 안이나 주변인가에서
밤을 지내기도 한다. 동부지역을 방문하고 돌아오면 온몸이 흙
먼지에 절어 코를 풀면 황토가 나오고, 샤워해도 며칠간 황토물
이 나올 정도다.

카메룬 동부 끝자락인 물룬두는 수도 야운데에서 900km 떨어져 있다. 그 멀고 험한 길을 30만km 넘게 주행한 닛산 사륜구동 차량을 몰고 가려고 한 것이 무모한 시도였음이 출발 후 얼마 안 되어 드러났다. 캐나다에서 온 허 목사님, 한국에서 온 신 목사님과 박 장로님이 동행했고, 내가 핸들을 잡았다.

　출발한 지 불과 몇 시간 만에 비포장 길에 커브 길이라 속도를 줄여 서행하고 있었다. 그런데 도로 위에 깔린 콩알처럼 작은 자갈들로 인해 차량이 빙판에서처럼 미끄러지며 도로를 벗어나 도로 옆 숲에 처박혔다. 자동차가 앞에 있던 나무를 비껴가 가시덤불에 처박힌 바람에 가시덤불이 스프링처럼 완충 역할을 해주었다. 다친 사람이 없나 서로를 확인하는데 허 목사님 얼굴에 피가 흥건한 게 보였다. 놀라서 "목사님, 피!"라 외치는데, 허 목사님이 "에이, 피 아니예요!"하며 빙긋이 웃었다. 식성 좋은 목사님이 빵에 케첩을 발라 먹다가 사고의 충격으로 케첩이 얼굴에 묻은 사실을 알고 가슴을 쓸어내렸다.

　사고의 충격으로 내가 운전을 계속할 수 없어 박 장로님이 핸들을 잡았다. 하지만 장로님은 30분을 채우지 못하고, 도저히 운전할 수 없다며 포기하셨다. 세 번째로 신 목사님이 운전대를 잡았다. 신 목사님은 월남전에 맹호부대로 참전하여 죽음의 위기에서 극적으로 살아나 주님을 영접하게 된 무용담을 간증하곤 하셨던 분이다. 도로는 일직선이었고, 꽤 넓은 편이었다. 그런데 서행하던 차량이 갑자기 180도 회전하며 반대편으로 돌아섰다. 영화에서 보던 바로 그 장면이었다. 아무도 이해하지 못할 상황이 벌어진 것이다. 모두 놀라 어안이 벙벙한 상태에서 월남전의 용사마저 운전을 포기하자 할 수 없이 내가 다시 핸들을 잡게 되었다.

밤이 깊었고, 가도 가도 끝없는 장시간 운전에 피로가 쌓여 졸음이 쏟아지기 시작했다. 졸며 깨며 비몽사몽간에 다리에 진입했는데, 전조등에 비친 다리 저편이 유난히 검게 보였다. '밤이니까 그렇겠지' 생각하며 운전을 계속하는데 옆자리에 앉았던 신 목사님이 갑자기 내 팔을 치며 "스톱!"하고 외마디 비명을 지르는 바람에 반사적으로 급브레이크를 밟았다.

차를 세우고 밖으로 나가보니 이게 웬걸 다리 한가운데가 끊어졌고, 바로 앞에는 거대한 강물이 흐르고 있었다. 전조등에 유난히 검게 보인 것이 바로 강물이었다. 우리가 탄 차량은 끊어진 다리 일 미터 앞에 멈춰 섰다(신 목사님은 30cm라고 하신다).
일 미터! 우리 모두의 생사를 가른 거리였다. 만일 신 목사님이
졸았거나, 내가 급브레이크를 밟지 않았더라면 우리 일행은 천
국에 가 있을 것이다.

　끊어진 다리 앞에 멈춰 선 차량을 후진하기 위해 기아가 제대
로 들어갔는지를 여러 번 확인했지만 다리가 후들후들 떨리고
등에서 식은땀이 흘렀다. 월남전의 용사는 그 순간이 자기 평생
가장 놀란 때라며, 그 후 한동안 밤에 자다가 놀라서 벌떡 깨곤
하셨단다.

여러 번 여행하면서 강의 위험과 강도의 위험과 동족의 위험과
이방인의 위험과 시내의 위험과 광야의 위험과 바다의 위험과
거짓 형제 중의 위험을 당하고 또 수고하며 애쓰고 여러 번 자지
못하고 주리며 목마르고 여러 번 굶고 춥고 헐벗었노라
(고린도후서11:26-27)

## 생명의 주인-4

　은평교회 단기선교 팀과 함께 동부 밀림 지역교회들을 방문하고 야운데로 돌아가던 길이었다. 운전사 옆에 앉아 있는데 커브 길에서 우리가 탄 미니버스가 미끄러지며 허공에 붕 뜨더니 일행의 비명소리와 함께 2m 아래 둔덕으로 떨어졌다.

　버스 위에 산더미처럼 쌓은 짐으로 인해 차가 구르지 않고 옆으로 누운 것이 그나마 다행이었다. 차량 문이 흙에 처박혀 문을 통해 나가는 것이 불가능하였다.

　설상가상으로 엔진에서 불길이 치솟기 시작하였다. 휘발유 차량이라 폭발할 수 있는 긴박한 상황이었다. 깨진 차량 앞 유리를 통해 힘겹게 기어 나와 청년들을 끄집어내려고 차량 옆유리 쪽으로 기어 올라갔다.

　다급한 상황에서 청년들은 의외로 침착하였다. 먼저 빠져나온 형제와 함께 먼저 자매들을 차 안의 형제들이 밑에서 밀어주고 우리는 위에서 끌어당겨 결국 전원이 차량에서 무사히 빠져나올 수 있었다.

　한 자매의 팔이 탈골되고, 여러 명이 무릎에 충격을 받고, 타박상을 입었으나, 다행히 중상자는 없었다. 좋은 곳으로 휴가를 가지 않고 아프리카에 와서 선교하는데 왜 이런 사고를 당하는가 하는 의문을 가진 청년도 있었으나, 우리 모두에게 아직 호흡이 남아있음을 감사하자고 격려하였다. 탈골된 자매는 한국에 돌아가 병원에서 수술하였고, 위문간 분들의 위로에 웃으면서 또 갈 거라고 했단다.

네가 말하기를 여호와는 나의 피난처시라 하고 지존자를 너의 거처로 삼았으므로 화가 네게 미치지 못하며 재앙이 네 장막에 가까이 오지 못하리니 그가 너를 위하여 그의 천사들을 명령하사 네 모든 길에서 너를 지키게 하심이라 (시편91:9-11)

## 생명의 주인-5

오전에 차드를 떠나 카메룬으로 가야 할 비행기가 12시간 연착하여 자정이 가까워 출발하게 되었다. 아무 안내방송도 없어 이유를 모르고 온종일 무작정 기다리다 지친 승객들은 우리가 탈 비행기가 도착했다는 소식을 듣고 몹시 기뻐하였다.

차드의 더위는 실로 살인적이다. 나무 그늘이 있는 숙소 발코 니에 걸린 온도계가 섭씨 42,5도를 가리킨다. 발코니를 떠나 모 래로 뒤덮인 마당에 이르면 헉! 숨이 턱 막힌다. 금년 차드의 최 고기온은 섭씨 55도!! 가만히 앉아 있어도 땀이 줄줄 흘러내리 는 더위에 땀띠를 선물로 가져왔다. 그 더위에도 말씀을 배우 겠다며 참석한, 그것도 멀리는 500km 거리에서 온 목사들에게 말씀을 전하면서 더위 타령은 좀 사치스런 얘기다.

사흘간의 목회자세미나를 마치고 카메룬 야운데 공항에 도착 하니 새벽 한시 반. 짐을 찾으려고 나오는 짐들을 바라보고 있 는데 누가 내 어깨를 툭 치는 것이었다. 특유의 왕 미소를 짓는 앙드레 목사! 연착으로 인해 먼 거리의 공항을 여러 차례 오가 며 그 시간까지 기다려준 귀한 동역자!! 집으로 가는 차 안에서 앙드레 목사는 말한다.

비행기가 차드로 떠나는 날, 새벽 세 시 경. 앙드레 목사는 기 도 중에 환상을 봤다. 내가 관속에 누워있는데 관이 번쩍번쩍 환히 빛났다. 관을 한국으로 운반하기 위해 사람들이 에어프랑 스 앞에 줄지어 서 있고, 앙드레 목사는 자신의 차례가 되어 탑승권을 받고 들어가려는 순간 승무원이 그에게 물었다. "당신도 한국에 갑니까?" 그가 "물론입니다. 우리 목사님이 돌아가셨는데 당연히 한국에 모시고 가야지요."라고 하자 승무원이 "앙드레 목사가 가니 이 여행은 취소하겠다."라고 말했고 그 순간 환상이 끝났다. 앙드레 목사는 환상을 보고 몹시 놀라서 동트자마자 바로 내게 전화하려고 했는데 전화카드 금액이 끝나서, 충전카드를 사려고 했으나 마침 국경일이라 여러 곳을 헤매다가 어렵게 카드를 구해서 전화했더니, 내가 이미 비행기 안에 탑승한 사실을 알고 매우 놀랐단다.

이날 한국의 김 권사로부터 전화가 왔다. "선교사님 아무 일 없으세요?" "네, 아무 일 없는데요." "아! 다행이네요. 걱정 많이 했는데" "왜요, 무슨 일 때문에요?" "제가 기도하다가 환상을 봤는데 선교사님이 관 속에 누워계셨어요. 제가 관 옆에 서서 울고 있는데, 선교사님이 누운 자리에서 벌떡 일어나 앉으시더니 권사님. 울지 마세요. 저 죽지 않았어요 라고 말씀하는 순간 환상이 끝났어요. 아무 일 없으시다니 정말 다행이네요." 하나님은 카메룬과 한국에서 기도하는 두 사람에게 내가 당할 위험을 미리 보여주시고 기도하게 하셨다.

지난해에 비행기 엔진이 새로 인해 불탔을 때 기장이 침착하게 허드슨 강에 비상 착륙하여 탑승객 전원을 구해 미국의 영웅이 되었다는 기사를 읽고 무슨 새 따위에 비행기가 떨어지나 하는 생각을 했다. 그런데 카메룬에서 내가 탄 비행기 엔진이 새로 인해 불타 황급히 회항하는 일이 일어났다. 다행히 비행기 이륙 직후에 사고가 나서 급히 회항할 수 있었지만 그렇지 않았다면 나는 그날 관속에 누웠을 것이다.

여호와는 죽이기도 하시고, 살리기도 하시며
스올에 내리게도 하시며 거기에서 올리기도 하시는도다.
여호와는 가난하게도 하시고 부하게도 하시며 낮추기도 하시고
높이기도 하시는도다 (사무엘상서2:6-7)

## 생명의 주인-6

### 감사로 변한 분노

리고베 목사가 동부도시 요까두마에서 수도 야운데로 오는

차표를 사러 버스터미널에 갔는데 마침 매표소에 자기 집에서 두 달을 머물며 함께 생활했던 절친 동창이 표를 팔고 있었다. 그런데 이 친구가 리고베 목사에게는 표를 안 팔고 다른 사람들에게만 파는 것이었다. 리고베 목사는 화가 났지만 성령께서 "가만히 인내하고 기다리라"고 하셨다. 리고베 목사가 타려던 차는 떠났고, 다음 차표 판매가 시작되자 그 친구가 리고베 목사에게 다가와 "미안하다. 내가 이상하게 네게 표를 주는 것을 깜빡 잊었다."며 제일 좋은 앞 좌석을 주었다. 차가 떠나 한 시간 반가량 가니 길에 사람들이 모여 있었고 통곡 소리가 요란하였다. 리고베 목사가 타려던 차가 도로를 벗어나 밀림 속으로 처박혀 열두 명이 사망하는 큰 사고가 일어난 것이다. 리고베 목사 입에서 감사의 "할렐루야!" 소리가 터져 나왔다.

## 강에서 건져내다

리고베 목사가 밀림지역 교회들을 방문 중일 때 그가 탄 차가 카메룬과 콩고 국경도시인 물룬두 8km 지점에서 나무를 들이받고 차체가 기계체조 하듯 진행 방향으로 뒤집히며 강에 빠졌다. 여덟 명이 사망하고 많은 승객이 중상을 입었으나 리고베 목사는 가벼운 안면 부상만 입고 구조되었다!

## 사흘 만에 깨어나다

리고베 목사가 죽은 성도를 장사하러 한 마을에 갔는데 그 마을에는 무당들의 영적 공격이 유난히 심했다. 돌아오는 길에 리고베 목사가 탄 차가 도로를 벗어나 밀림 속으로 돌진해서 여섯 명이 죽었고, 리고베 목사는 의식을 잃고 쓰러졌다. 그의 의식이 되돌아온 것은 사흘이 지난 후였다. 밀림 속에 많은 짐승들이 있음에도 불구하고 그의 몸은 밀림 속의 짐승들과 한낮의 더위와 밤의 추위 가운데서 사흘 동안 온전히 보존되었다!

## 제수 소브!

리고베 목사가 밤길에 35인승 버스 운전석 옆자리에 앉아 두알라에서 야운데로 올라오고 있었다. 맞은편에서 오는 트레일러에서 뿜어내는 매연이 시야를 완전히 가린 순간 검은 매연 중에 갑자기 정면에 두 개의 헤드라이트가 보였다. 리고베 목사가 다급히 "제수 소브"(예수님 구하소서)를 두 번 외치는 순간 쿵 하는 둔탁한 소리가 귓전을 때렸다. 잠시 후 깨어나 보니 옆에서 운전하던 운전사는 죽은 채로 리고베 목사 어깨에 기대어 있고, 그의 피가 리고베 목사의 흰옷을 흥건하게 적시고 있었다. 리고베 목사 뒷좌석에 앉았던 여인은 충돌의 충격으로 솟구쳐 올라

앞 유리를 들이박고 머리가 심히 찢어진 채 리고베 목사 무릎 위에 떨어져 있었다. 과속으로 달리던 버스는 방향을 잃고 밀림 속으로 돌진하여 나무들을 들이박으며 좌충우돌하다가 멈추어 섰는데 차체가 흉하게 찌그러져 문이 열리지 않았다. 부상자들은 깨어진 유리창 사이로 기어 나오다가 유리에 찔려 다시 부상을 입었고, 차 안팎 도처에 선혈이 낭자하였다. 아비규환 중에도 리고베 목사는 손가락 하나 다치지 않고 자신의 가방 두 개까지 찾아 나올 수 있었다! 새벽에 초인종이 울려 문을 열어 보니, 그가 흰옷이 온통 피로 물든 채 문 앞에 서 있는 것을 보고 얼마나 놀랐는지 모른다.

## 기적의 주인공

영화의 주인공처럼 기적 같은 일들이 리고베 목사에게 계속 일어났다. 왜 하나님은 리고베 목사를 특별히 보호하실까? 그는 우리 교단 총무이며, 카메룬의 교회 없는 마을에 100개 교회를 개척하는 VCP(Village Church Planting) 책임자다. 오토바이로 아무나 갈 수 없는 동부 밀림 지역을 끊임없이 돌며 교회를 세우고 세운 교회를 돌보며 성장시키는 전도에 열정이 불타는 전도자다. 그가 없으면 카메룬의 교회 개척 사역은 큰 타격을 입는다. 그가 없으면 하나님 나라 확장에 피해가 간다. 그는 하나님께 없어서는 안 될 사람이다. 하나님은 그를 통해 하나님 나라를 확장하기 원하신다. 하나님은 복음 전하는 자들을 특별히 사랑하신다.

제자들이 나가 두루 전파할 새 주께서 함께 역사하사
그 따르는 표적으로 말씀을 확실히 증언하시니라 (마가복음16:20)

# 상

아프리카에서 한창 고생할 때, 담임목사께서 3년간 전액 장학금을 약속하며 미국에 유학을 보내주겠다는 제안을 거절하고 둘로스를 탄 것을 후회한 적이 있다.

신학교 시절 유학 가서 교수가 되려는 생각을 가져본 적이 있기 때문이다. 선교지에 있으니 공부할 기회가 없어서 안식년 때마다 어렵게 시간을 내어 수업을 듣곤 하였다. 그런데 모교인 서울신학대학교 개교 백 주년 때, 총장과 해외 선교위원장이 앞장서서 명예 신학박사 학위를 주었다. 하나님께서 선교지에서 한 수고를 기특히 보시고 주신 상이었다. 선교지에서 박사학위는 훈장과 같은 것이다. 카메룬신학교에서 강의할 때 현지인 조직신학 교수와 내 강의가 성경해석의 차이를 보였을 때, 학생들이 현지인 교수가 박사라는 이유로 그의 편을 드는 것을 보고 자존심이 상한 일이 있었다. 그러나 내가 박사학위를 받고 가르치니 학생들과 목회자들의 눈빛이 달라졌다. 박사에게 하나라도 더 배우려는 열망이 보였다.

연세대학교는 언더우드 선교사 서거 백 주년을 맞아 언더우드 선교대상을 주었다. 삼만 명의 한국 선교사 가운데 한두 명에게 주는 상이다.

한국에 최초로 온 선교사의 이름으로 주는 상을 받다니 선교사로서 얼마나 큰 영광인가! 지금도 세계 각처에서 이름도 빛도 없이 숨어서 사역하는 선교사들이 얼마나 많은가. 최소생계비가 안 되어 염려하고, 질병으로 사고로 박해로 열매를 보지 못하고 고생하거나 숨지는 선교사들 또한 얼마나 많은가. 내가 이 땅에서 큰 상을 받는 것이 다른 선교사에게 부끄럽기도 하고 미안하기도 하다. 내가 받은 상을 열악한 환경에서 수고하는 선교사들과 함께 나누고 싶다. 우리는 모두 함께 울고 함께 기뻐하는 동역자다. 그 누구도 더 큰 영광을 받을 자격이 없는 부족한 종일뿐이다. 모든 영광을 오직 하나님께 돌린다.

그런즉 아볼로는 무엇이며 바울은 무엇이냐
그들은 주께서 각각 주신 대로 너희로 하여금 믿게 한 사역자들이니라
나는 심었고 아볼로는 물을 주었으되 오직 하나님께서 자라나게
하셨나니 그런즉 심는 이나 물주는 이는 아무 것도 아니로되
오직 자라게 하시는 이는 하나님뿐이니라 (고린도전서3:5-7)

# 합동결혼식

카메룬에는 결혼하지 않고 사는 부부가 많다. 교인들도 예외
는 아니다. 결혼하지 않고 사는 이유는 대부분 결혼지참금 때
문이다. 신랑이 신부를 맞으려면 신부 측에 지참금을 주어야 한
다. 문제는 신부 측에서 과도한 지참금을 요구하는 것이다. 염
소 한 마리 같은 상징적인 지참금을 요구하는 부족도 있으나 노
트 여러 장을 빼곡히 채우는 무리한 지참금을 요구하는 부족도
있다. 돼지 두 마리, 염소 다섯 마리, 닭 열 마리, 생선 두 상자,
포도주 다섯 병, 거실 소파, 현금 수백만 원 등 몇 푼 안 되는 월
급의 수십 배에 달하는 지참금을 요구한다. 신부가 태어나서부
터 학교 다니며 결혼하기까지 소모한 학용품 신발 옷까지 긴 리
스트를 제시하는 부족도 있다.

지참금 외에 결혼식 피로연도 중요하다. 피로연을 크고 성대
하게 할수록 집안의 체면이 선다. 갈수록 결혼 비용은 커지고
젊은 남녀의 결혼이 어려워지고 있다. 그래서 남녀가 결혼하지
않고 동거하는 것이다. 결혼하지 않고 아이 여럿을 낳고 사는

교인들이 있다. 대부분 여자 측에서 신랑으로부터 지참금을 받지 않았다는 이유로 결혼을 반대한다. 이미 자녀를 낳고 동거하는 여자를 위해 결혼을 서둘러야 하건만 오히려 여자 측에서 결혼을 반대하는 어이없는 행동을 한다. 그들에게는 딸의 행복보다 돈이 우선인 것이다. 이렇게 여자들은 지참금의 희생양이 되어 자녀를 낳고 나이가 들어간다. 그러다 보니 남자들은 법적으로 남편도 아니고 책임감도 약해서 툭하면 여자와 아이들을 버려두고 떠나 다른 여자에게 간다.

결혼하지 않고 동거하는 교인들을 위해 교회가 합동결혼식을 주관하였다. 결혼하기 원하는 열 쌍의 커플이 합동결혼식에 신청했다. 가족의 반대가 있었으나, 성년이 된 크리스천이 잘못된 관습 때문에 죄를 지을 수 없다는 교회의 입장을 단호히 가족에게 통보하고 밀고 나갔다.

결혼식 전 한 달 동안 '결혼예비학교'를 열어 결혼에 관한 교육을 하고 동거하던 남녀는 따로 살도록 하였다. 결혼식 당일 오전에 야운데 시장을 교회에 초대하여 혼인신고서에 사인하는 의식을 가졌다. 결혼식장은 최대한 아름답고 성대하게 장식하였다. 예배당 현관은 흰색 아치로 장식했고, 통로에는 붉은 카펫을 깔았다. 통로 양쪽 의자마다 꽃으로 장식하고 기둥마다 밝고 화려한 천으로 감쌌다. 결혼식 프로그램은 열 커플의 사진과 소개를 넣어 컬러로 인쇄하고 성가대와 특별 솔리스트를 준비하였다. 열 커플이 입장할 때 흰옷으로 예쁘게 차려입은 열 명의 화동이 꽃바구니를 들고 앞서 걸었고, 교인들의 환호와 함께 꽃잎이 커플들 위로 뿌려졌다. 예배는 엄숙하게 진행하였고, 주례자는 결혼이 하나님의 축복임을 선포하였다.

결혼식이 끝나고 커플당 열 명의 가족이 교회가 준비한 교회 식당의 식사에 초대받았고, 그 외의 하객에게는 교회가 준비한 샌드위치와 음료수가 제공되었다. 결혼식의 하이라이트는 열 대의 차량 행진이었다. 집사들이 제공한 열 대의 차량은 앞뒤에 꽃과 리본으로 단장되었다.

경찰 오토바이의 호위를 받은 열 대의 차량에 신랑 신부가 타고 시가행진을 하니 뉴스거리가 되었다. 합동결혼식이 성공리에 마치니 합동 결혼을 부끄러워하고 반대하던 사람들이 합동 결혼을 하겠다고 신청하고 있다.

# 대 음악회

플라드미 아버지 버나는 테니스코치다. 아버지의 수입이 변변찮아 열 명의 식구는 하루 한 끼를 먹는다. 온종일 허기를 견디다가 늦은 저녁에 가족이 함께 식사하고 잠자리에 든다. 성장기에 영양이 제대로 섭취되지 않으니 아이들 모두 체구가 왜소하고 플라드미는 빈혈로 가끔 쓰러진다.

교인 중에 굶는 이들이 많아 쌀과 정어리 통조림이 담긴 봉지를 나누어주었다. 그러나 그때뿐 학비가 없어 학교에 가지 못하는 아이들에게 한 끼 식사를 주는 일에 불과했다. 양식을 담은 봉지를 여러 해 나누어주다가 방법을 바꾸기로 하였다. 아이들에게 생선을 주기보다 생선 잡는 법을 가르치는 유대인처럼 교인들에게 한 끼 양식을 주기보다 아이들의 미래를 위해 교육에 투자하기로 한 것이다. 그 재원을 어떻게 마련할까 생각하다가 대 음악회를 시작하게 되었다.

공연일은 성탄절 분위기에 맞춰 12월 중순으로 정했다. 공연

장소는 교회에 오지 않는 사람들이 부담 없이 올 수 있도록 수도 야운데 최고의 호텔인 힐튼으로 정했다. 공연 티켓은 특별석 일반석 은혜석 세 종류로 하여 부자부터 학생들까지 올 수 있도록 하였다.

교회 팀은 두 달 동안 예선과 본선을 거쳐 우수한 팀을 선발하였다. 그리고 많은 청중을 동원하기 위해 외부에서 이름난 세 팀을 초대하였다. 한인들은 특별한 분위기를 연출하기 위해 고운 한복을 차려입고 찬양했는데 공연을 마친 후 참석자들로부터 사인과 사진 촬영을 요청받는 뜨거운 반응이 있었다.

공연을 시작한 첫해부터 대 음악회는 대성공이었다. 대 음악회는 현재까지 십여 년째 계속되고 있으며 수익금으로 매년 초중고대학생 70여 명에게 장학금을 지급하고 있다. 장학금 지급 조건은 집이 가난하고, 학교 성적이 평균 이상이며, 교회 기관장의 추천을 받는 것이다. 장학금을 받아 공부한 학생들 가운데 많은 인재가 배출되어 엔지니어 공무원 교수 목사 변호사 등 각계에서 활발하게 활동하고 있다. 교회가 장학금을 주자 학생들이 교회에 오면서 청년이 주축을 이루는 교회가 되어 30대 이하 교인이 대다수를 차지하고 대학입학 자격인 바까로레아 이상 학력 소지자가 40%를 넘는 젊은 엘리트 교회가 되었다.

# 바람난 경찰

다니엘 아버지는 고위경찰관이다. 그는 고위경찰관인 장인의 도움으로 경찰이 되어 고위직에 오르게 되었다. 그는 나이가 들어 젊은 여경과 바람이 났다. 어느 날 저녁 그는 아내와 세 자녀를 집에서 내쫓고 젊은 여경을 안주인으로 앉혔다. 갑자기 집에서 쫓겨난 아내와 세 자녀는 당장 갈 곳이 없는 어려운 처지였다. 큰아들 에릭은 직장을 찾고 있었고, 두 딸은 대학재학 중이었는데 이들을 위해 교회가 나섰다. 큰아들은 A 선교사의 운전사로 취직하고, 큰딸은 B 선교사의 가정교사로 언어공부를 돕고, 제일 똑똑한 막내딸 다니엘에게는 장학금을 지원하였다. 다니엘은 수재여서 카메룬에서 대학과 대학원을 수석으로 졸업한 후 프랑스에 유학 가서 법학박사 학위를 받고 프랑스대학에서 가르치고 있다.

알렉시는 제빵사다. 아프리카에서 부지런하기로 소문난 바밀리께 부족인 그는 사장 밑에서 열심히 일하며 일을 배워 마침내 자신의 가게를 소유한 사장이 되었다. 그러나 매월 수익금의 대부분이 빵 굽는 기계 임대료로 지출되어 수고하는 것에 비해 소득이 적었다. 교회에서 그에게 중고 제빵 기계를 사주고 매월 갚아나가도록 하였다. 임대료로 사라지던 돈이 매월 붙는 적금이 되니 신바람이 난 그는 더 열심히 일하여 불과 일 년 만에 교회에서 빌려준 돈을 갚을 수 있었다. 그의 사업은 날로 번창하여 제2호 가게를 열고 이름을 '사르밧'이라 하였다. 이스라엘에 기근이 심할 때 엘리야 선지자에게 음식을 제공한 사르밧의 과부처럼 수익금으로 주의 종들을 섬기겠다는 비전에서 사르밧이란 이름을 붙인 것이다. 교회 행사 때마다 필요한 모든 빵을 사르밧 빵집에서 무료로 제공한다. 그리고 어려운 주의 종들을 후원하는 일도 한다.

다니엘과 알렉시의 경험을 계기로 교회에서 '신용협동조합'을 시작하게 되었다. 교인들이 돈이 생길 때마다 저축하고, 필요할 때 찾아가고 있다. 교인들이 사업을 할 때는 대출도 해준다. 경험이 없어 자본금 대비 더 많은 돈을 대출해준 바람에 현재 어려움을 겪고 있으나 시행착오를 잘 극복하여 신용협동조합이 교인들을 재정적으로 도울 수 있기를 소망한다.

# 성경 통독

　말씀 묵상을 위해 매월 발간되는 책자는 매일 열절 가량의 본문을 선택한다. 짧은 본문으로 깊은 묵상을 하는 것은 중요하다. 하지만 매일 열 절의 말씀을 묵상하면 신구약 성경 전체를 읽는데 9년 가까이 걸린다. 한 편의 영화를 매일 조금씩 9년간에 걸쳐 본다고 생각해보라. 그 전체 줄거리가 이해되겠는가.

　짧은 본문의 말씀을 묵상하는 것은 숲에 들어가서 한 나무를 선택하여 집중적으로 연구하는 것과 같다. 그러나 이처럼 한 나무에 집중하다 보면 그 나무가 속해있는 숲 전체를 보지 못하는 문제가 발생한다. 그 숲에는 어느 지역에 물이 흐르고, 어느 지역에 언덕이 있고, 어떤 종류의 나무들이 어떤 지역에 얼마나 분포되어 있고, 숲의 규모는 얼마나 되며, 숲이 어느 지역 어느 나라에 속하는지 등을 알 수 없다. 말씀 묵상이 한 나무를 연구하는 것이라면, 성경 통독은 숲 전체를 보는 것이다. 이 두 가지 방식을 병행할 때 성경을 더 잘 이해할 수 있다.

우리 교회는 매년 성경 통독을 한다. 두 달 전에 남녀 열두 명을 선정하여 성경 읽는 훈련을 시작한다. 성경을 빠르고 정확하고 감정을 넣어 읽는 훈련이다. 한 팀은 세 명으로 구성되고 네 팀이 돌아가며 90분간 성경을 읽는다.

성경 통독은 월요일 오전에 창세기를 시작하여 금요일 정오에 요한계시록을 끝내는 4박 5일 일정이다. 새벽 다섯 시부터 밤 열 시까지 합숙하며 진행하고, 매일 세 끼 식사와 적절한 휴식 시간이 제공된다. 참가자들은 성경 통독을 통해 믿음이 회복되고, 성령으로 충만하며, 질병이 치유되고, 문제가 해결되는 것을 체험한다. 성경 통독을 통해 매일 말씀 묵상으로 경험할 수 없는 놀라운 은혜를 경험한다. 성경 통독을 통해 은혜받은 교인들은 성경 통독에 참가하기 위해 휴가를 낸다. 우리 교인 아닌 사람들도 소문을 듣고 찾아와 함께 한다. 아프리카 목회자세미나 때 성경 통독 간증을 하니 자기네 나라에도 와서 성경 통독 시범을 보여 달라고 간청한다. 모든 교회 모든 크리스천이 성경 통독을 통해 말씀의 능력을 체험했으면 한다.

수문 앞 광장에서 새벽부터 정오까지 남자나 여자나 알아들을 만한 모든 사람 앞에서 읽으매 뭇 백성이 그 율법책에 귀를 기울였는데
(느헤미야8:3)

에스라는 매일 새벽부터 정오까지 하루 여섯 시간씩 한 주간 성경을 읽음으로 타락한 이스라엘 자손의 회복과 부흥을 가져왔다.

## G12

소그룹 모임을 위해 지역을 나눠 구역을 조직하였다. 그러나 이상하게도 한국에서 잘되는 구역이 아프리카에서는 잘되지 않았다. 구역이 안 되니 교회가 끈끈한 결속력이 없었다. 안식년 차 한국에 다녀온 세달 동안 교인이 절반으로 줄어든 것을 보고 교회가 모래알 같아 언제 무너져도 이상하지 않다는 것을 깨닫게 되었다. 왜 구역이 안 될까 고민하다가 지역 중심으로 모이는 구역을 폐지하고 친분 중심으로 모이는 G12를 시작하게 되었다.

G12는 예수께서 열두제자를 훈련시킨 것에서 온 열두제자 운동이다. 지역과 상관없이 친분 중심으로 구성되는 모임이다.

구역이 참가인원을 더해가는 덧셈 방식이라면, G12는 열두 명의 제자가 각자 자신의 열두제자를 훈련하는 곱셈 방식이다. 12명이 144명 되고, 144명이 1,728명 되는 방식이다.

G12를 시작하자 구역과 확연히 구별되는 적극적인 반응이 나타났다. 친분이 있는 사람끼리 모이니 거리와 상관없이 열심히 모였다. G12 모임은 Welcome(모임을 시작하며 한주의 삶을 나눈다), Worship(하나님께 감사하며 찬양한다), Word(주일설교 말씀을 묵상하고 삶에 적용한다), Work(어떤 일을 할 것인지 의견을 나누고 기도한다)의 4W로 인도한다.

구역은 한 명의 리더가 있는 반면에, G12는 멤버 전원이 자신의 G12 그룹을 조직하여 인도하는 리더가 되어야 한다. 그래서 구역이 예수의 군사를 키우는 것이라면, G12는 예수의 장교를 키우는 것이라고 강조한다. G12가 자리를 잡으면서 교회의 조직이 끈끈해졌다. 구역이 조직된 당시 담임목사의 3개월 부재 시에 교인이 절반으로 줄었으나, G12가 시작된 후로 담임목사가 안식년으로 일 년을 비워도 교인이 줄지 않고 잘 성장하고 있다. 아프리카에서는 구역보다 G12가 더 효과적이다.

# 목사가 문제다

아프리카 목회자세미나를 인도할 때마다 놀라는 것이 있다. 목사들이 성경을 읽지 않는다는 것이다. 서부 아프리카 토고의 수도 로메에서 열린 세미나에 참석한 목사들도 예외는 아니었다. "여러분 중에 평생 성경 한 번 이상 읽은 분은 손들어주세요. 이 자리에 평신도들은 없고 우리 목사들뿐이니 눈치 보지 마세요."라는 요구에 참가자의 10%가 손을 들었다.

성경을 일독한 아프리카 목사 비율이 10%라는 것은 이미 부르키나파소, 코트디부아르, 카메룬, 가봉, 차드에서 확인한 바 있는데, 토고가 추가된 것이다. 수백 명의 적은 개체로 통계를 내는 것은 무리라는 점은 인정하지만 지난 7년 동안 6개국에서 30차례 가까운 조사를 통해 얻은 결과이니 잘못된 통계라고 할 수도 없을 것이다.

남부 아프리카 기독교 지역에서 에이즈가 급증하고 있는데 기독교인분포와 에이즈 분포가 정비례하여 에이즈는 기독교인의 질병이라고 불리기까지 한다. 에이즈가 주로 부적절한 성관계를 통해 전파되는 병이기에 너무도 부끄러운 일이다. 교회는 많으나 온갖 우상과 이단들 그리고 거짓 선지자들이 기승을 부리고, 사람들은 길 잃은 양처럼 헤매고 있다.

이 모든 문제가 목사 탓이다. 목사들이 말씀 없이 목회하기 때문이다. 그래서 교인들도 말씀 없이 세상 풍습을 따라 살고, 복음의 능력도 삶의 변화도 없는 무늬만 크리스천들이 양산되는 것이다.

이런 상황에서 답은 오직 하나다. 아프리카 목사들이 말씀으로 무장되어야 한다. 이들이 말씀으로 은혜받아 변화되는 역사가 일어나야 한다.

목회자세미나를 통해 말씀을 읽지 않던 목사들이 새벽에 일어나 몇 시간씩 성경을 읽고 교회가 변화되는 간증들이 이어지고 있다. 목사 한 명이 변화되면 평균 50명의 교인이 변화될 수 있다. 목회자세미나에 참석하는 200명의 목사가 변화되면 10,000명의 교인이 변화될 수 있다. 아프리카 목사들이 말씀으로 변화되어 아프리카교회가 변화되고 아프리카가 변화되도록 목회자세미나에 더욱 박차를 가해야 하겠다.

# 돈을 사랑하는 목사

우리 교인의 장례예배를 드리기 위해 목사 몇 명이 그의 고향 마을에 갔을 때의 일이다. 교인의 부친이 고향마을 교회에 출석 했기에 그 교회 목사가 예배를 주관하기로 하였다. 그런데 그 목사는 300km 먼 거리에서 온 우리 목사들에게 아무 순서도 맡기지 않는 이해하지 못할 행동을 하였다. 나중에 그 이유를 알아보니 유족이 예배를 인도한 목사에게 봉투를 주는데 그 봉 투를 다른 목사와 나누기 싫어서 혼자 주관했다는 것이다.

기복신앙에 오염된 아프리카 목사들이 많다. 그들의 설교주 제는 형통, 신유, 축복, 기적 등에 집중한다. 세례, 성찬, 임직, 결혼, 장례 등에서 교인들에게 재정적인 부담을 주는 목사들이 적지 않다.

코트디부아르 북부도시 부아케에서 목회자세미나를 인도하 는 도중에 그 도시에서 잘 알려진 선지자가 벌떡 일어나 공개 적으로 회개한 일이 있었다. 그는 사람들을 위해 기도할 때 간단하게 몇 마디로 기도해주면 만 원, 방언으로 기도해주면 이만 원, 금식하며 기도해주면 이십 만원, 그 집에 가서 숙식하며 기도해주면 백만 원의 감사헌금을 받았다. 그런데 말씀을 듣다 보니 자신이 돈을 사랑하는 거짓 선지자인 것을 깨닫고 회개한 것이다.

카메룬 교회협의회 총무가 노르웨이교회에서 보낸 후원금 중 일억 원을 자신의 토요다 사륜구동 차량 구입에 지출하자, 분노한 노르웨이교회가 이후로 카메룬 후원금을 끊겠다고 통보하였다. 놀란 교회협의회는 명칭을 바꾸어 새로 시작한 단체인 것처럼 위장한 부끄러운 일도 있었다.

셀레스텡은 우리 교회 대학부에서 아내를 만나 결혼하고 신학을 공부해서 목사가 되었다. 그는 가난한 시골 마을에서 엄마가 집에 하나밖에 없는 호롱불을 부엌으로 가져가면 학교숙제를 못 하고 캄캄함 방 안에서 우두커니 기다리는 궁핍한 생활을 하며 자랐다.
가난으로 인해 너무 고통을 당한 탓인지 그는 목사가 하나님의 축복을 받아 경제적으로 잘 살아야 전도도 잘 된다는 생각을 가졌고, 말씀으로 부단히 가르쳤으나 그의 생각은 쉽게 바뀌지 않았다.

교단이 그를 코트디부아르 선교사로 파송하면서 카메룬 목사 사례비의 2배를 매월 후원하였다. 그는 코트디부아르에서 선교비의 절반을 월세로 지출하는 비싼 집을 구했다. 자동차가 필요하다고 타령해서 중고차량을 사주었는데 한집에서 같이 지내던 형제에 의하면 셀레스텡은 슈퍼에서 많은 물건을 구입하여 자동차에 가득 싣고 "선교사가 이런 거야." 하고 어깨를 으쓱했다고 한다. 그는 교회들과 지인들에게 종종 선교비 후원 요청을 하며 부유한 선교사로 살려고 하다가 마침내 재정문제로 넘어져 교회에서 선교사를 사직하도록 통보하였다.

목회자세미나 때 목사들에게 "왜 목사가 돈을 사랑하는가. 돈이 좋으면 목회를 하지 말고 장사를 해서 돈을 버는 것이 낫다. 목사가 돈을 사랑하는 것은 문제이지만 상인이 많은 돈을 번다고 뭐라 할 사람은 없다"고 하니 한 목사가 "강사님, 모르는 말씀 마세요. 시장에서 온종일 뙤약볕에 장사하는 것이 얼마나 힘든지 아십니까. 남의 주머니에 있는 돈을 가져오는 것은 여간 어려운 일이 아닙니다. 시장에서 장사하여 돈 버는 것보다 목사로서 설교하고, 기도해주고 헌금 받는 편이 훨씬 더 쉽습니다." 라고 하여 우리 모두 배꼽을 잡고 웃은 일이 있다.

부하려 하는 자들은 시험과 올무와 여러 가지 어리석고 해로운
욕심에 떨어지나니 곧 사람으로 파멸과 멸망에 빠지게 하는 것이라.
돈을 사랑함이 일만 악의 뿌리가 되나니 이것을 탐내는 자들은
미혹을 받아 믿음에서 떠나 많은 근심으로써 자기를 찔렀도다
(디모데전서 6:9-10)


## 목회자세미나


'우리는 복음으로 예수그리스도의 제자를 삼아 카메룬과 아프리카를 변화시킨다. 이 목적을 이루기 위하여 우리는 말씀과 기도와 교제와 전도에 전념한다.'

카메룬선교센터의 비전이다. 아프리카를 변화시키려면 어떤 방법이 효과적일까 기도하다가 아프리카가 변화되려면 먼저 교회가 변화되어야 하고, 교회가 변화되려면 먼저 목사가 변화

되어야 한다는 결론에 이르렀다. 그래서 십여 년 전부터 아프리카 여러 나라를 순회하며 목회자세미나를 인도하고 있다.

아프리카 목사들의 문제는 무엇보다도 하나님 말씀을 읽지 않는 것이다. 아프리카 목사들은 기본적으로 책 읽는 것에 익숙하지 않다. 이들의 집에 가보면 책이 거의 없다. 이들은 대화하는 것은 좋아하나 책 읽는 것은 좋아하지 않는다. 아프리카 문화는 읽는 문화가 아니라 대화하는 문화다. 아프리카 목사의 10%만이 성경 일독을 한 것도 이런 문화의 영향이 없지 않을 것이다.

목회자세미나를 하는데 재정 문제가 걸림돌로 작용하였다. 목사들을 세미나에 초청하려면 교통비와 교재와 숙식을 제공해야 한다는 것이다. 그런 재정도 없거니와 만일 재정이 있더라도 교통비와 숙식을 제공해야 한다는 것은 바람직하지 못하다는 생각이 들었다. 아프리카에 강사로 온 외국인들이 아프리카 목사들이 가난하다고 재정을 후원하며 세미나를 연 것이 목사들에게 관습으로 굳어진 것이다.

미국에서 온 강사가 부르키나파소 종합경기장에 목사 오천 명을 모아 세미나를 한 적이 있다.

참석자들에게는 교통비와 숙식비가 제공되었다. 그곳에 모인 오천 명 가운데 목사가 과연 몇 명이나 될까 하는 문제가 대두되었다. 교통비를 주고 숙식을 제공하니 지방에 있는 사람들이 목사도 아니면서 수도 구경을 하려고 모였다는 말이 돌았다.

목회자세미나를 시작하면서 잘못된 관습을 바꾸기로 마음먹고, 등록비로 한화 이천 원을 받기로 하였다. 그리고 세미나 교재와 오전 9시부터 오후 3시까지 계속되는 시장할 목사들에게 샌드위치와 음료수를 제공하기로 하였다. 목사들은 처음 보는 무명의 한국인 강사가 세미나등록비를 받는다고 하니 현실을 무시한 요구라는 원성이 높았다. 그렇게 목회자세미나는 배우려는 소수의 목사로 시작하였다.

목사들의 반응은 뜨거웠다. 미국이나 유럽 등 외국에서 온 강사는 아프리카의 목회현장과 동떨어진 외국의 경험을 얘기했으나 나는 카메룬에서 현지인들을 대상으로 담임 목회하며 경험한 것을 나누니 동일한 문제로 고민하는 아프리카 목사들은 전적으로 공감하며 은혜를 받았다. 차드, 가봉, 코트디부아르, 베냉, 토고, 부르키나파소 등 불어권 아프리카 여러 나라를 순회하며 진행하는 세미나에 참석한 목회자들의 입소문을 통해 세미나 참석인원은 갈수록 늘어나서 참가자가 500명을 넘은 세미나도 있었다.

아프리카 목사들의 최대 관심은 교회 성장이다. 대부분 교회가 교인 수십 명의 작은 교회이고, 모든 방법을 동원해보지만 교회가 성장하지 않고 정체되어 있기 때문이다. 그러나 아프리카 목사들이 선호하는 주제와는 달리 내가 가장 선호하는 강의 주제는 말씀 사역이다. 가는 곳마다 교회의 모든 문제의 해답은 말씀 사역이라고 강조한다. 그러면서 2002년 월드컵 당시 히딩크 감독이 한국대표팀을 훈련하며 기술을 가르치기 전에 기초 체력을 훈련한 얘기를 하면 축구를 좋아하는 아프리카 목사들은 귀를 기울이고 듣는다. 골 넣는 기술을 가르치기 전에 연장전까지 뛰며 골을 넣을 수 있는 체력을 키우니 한국팀은 끝까지 지치지 않고 뛰어 4강까지 갈 수 있었다고 하니 모두 고개를 끄덕였다. 그러면 교회 성장을 위한 목사의 기초체력은 어떻게 키우는가? 목사의 기초체력을 키우는 비결은 매일 말씀을 묵상하고 기도하는 것이라 가르쳤다. 평생 성경 일독도 하지 않았던 목사들이 말씀을 읽기 시작하면서 변화되기 시작하였다.

코트디부아르의 블레즈는 세미나에서 은혜받고 매일 새벽 세 시에 일어나 세 시간 동안 성경을 읽는 중에 성령의 감동으로 무작정 길가에 판자로 작은 예배당을 짓고 전도를 시작하였다. 교회는 급속도로 성장하였으나 구청으로부터 무허가 건물을 헐겠다는 통보를 받게 되었다. 블레즈와 교회는 아무 대책이 없어 간절히 기도하였고, 황 선교사가 딱한 사정을 듣고 한국교회의 후원을 받아 대지를 구입하고 예배당을 지었다. 블레즈는 우리 신학교에 다니며 교단 소속으로 충성되게 사역하고 있다.

베넹인 실라 목사는 코트디부아르에서 열리는 모든 세미나에 참석하는 열정적인 팬이다. 그는 혼자 참석하는 것이 아니라 버스를 임대하여 수십 명의 목사를 태워 함께 참석한다. 그는 세미나에서 은혜받고 열 개가 넘는 교회를 개척하였다. 목회자세미나를 통하여 아프리카 목사들을 깨우고 변화시키는 일이 성령의 인도하심으로 계속되기를 기대한다.

# 비전리더학교

세계기도정보 저자 패트릭 존스톤은 아프리카 기독교의 심각한 문제로 훈련된 목회자의 부족을 지적했다. 아프리카 땅에 이슬람과 이단들, 그리고 토속신앙이 위력을 떨치는 이유도 바로 이 때문이다.

아비장에서 가진 목회자 세미나는 우리에게 새로운 비전을 보여주었다. 목회자들의 부흥과 성장을 돕는 사역이다. 이들이 하나님 말씀을 너무도 모른다는 사실에 놀란 우리는 이들이 목마른 사슴처럼 말씀을 빨아들이는 갈급함에 또 놀랐다. 이들은 우리에게 정기적으로 이런 세미나를 인도해달라고, 수백 km 떨어진 지방 도시에도 제발 와 달라고 간청을 하였다.

주께서 우리의 마음을 뜨겁게 하셨다. 말씀에 갈급한 이들에게 말씀을 전하자. 이들에게 신학교육의 기회를 제공하자. 홈사이트를 열어 이들에게 매주 설교, 성경공부 등 필요한 자료를 제공하고 서로 간증과 질의응답을 나눌 수 있게 하자. 이 사역을 위해 '비전리더학교'를 시작하자. 주께서 허락하시면, 이 사역을 코트디부아르뿐만 아니라 다른 아프리카 나라들로 확장해나가자. 그래서 아프리카 목회자들이 은혜받고, 교회마다 부흥의 물결이 일어나게 하자.

www.vliafrica.org(Vision Leader's Institute) 사이트는 아프리카대륙을 변화시키기 위한 지도자들을 품는 사이트가 될 것이다. 아비장에서 열린 제1차 세미나에 참석한 교회지도자 중에는 말씀을 체계적으로 배우고, 신학을 하고 싶으나 사정이 여의치 않은 분들이 많았다. 그들의 말씀에 대한 갈급함과 열정에 도전받은 우리는 비전리더학교 사이트를 통해 다음과 같은 사역을 하고자 하는 비전을 갖게 되었다.

첫째, 매주 복음적인 설교와 성경연구를 게재한다. 둘째, 성경과 삶의 궁금한 문제들에 대한 질문에 성경적 대답을 준다. 셋째, 카메룬신학교 교수들을 중심으로 한 온라인 신학 강좌를 개설한다. 넷째, 서로의 사역 경험과 간증을 나눔으로 신앙 성장과 성도의 교제를 도모한다. 다섯째, 서로의 기도 제목을 나누고, 함께 중보기도로 돕는다. 여섯째, 우수한 신학 서적을 저렴한 가격에 보급한다.

끝으로, 교회지도자들의 부흥을 통해 아프리카의 부흥을 소망한다. 이 비전을 향한 우리의 헌신과 기도를 통해 주께서 이루실 줄로 믿는다. 비전만큼 살고 기도만큼 이룬다.

하나님은
그를 통해 하나님 나라를
확장하기 원하신다.
하나님은 복음 전하는 자들을
특별히 사랑하신다.

최권사헌금으로 건축된 차드교회

밀림지역

열방학교 기숙사,본관,강의동

열방유치원

# 4부
# 물파스 선교

나는 심었고 아볼로는 물을 주었으되
오직 하나님께서 자라나게 하셨나니
그런즉 심는 이나 물주는 이는 아무 것도 아니로되
오직 자라게 하시는 이는 하나님뿐이니라 (고린도전서3:6-7)

# 물파스 선교

　김 목사님은 60대에 선교사로 카메룬에 오셨다. 그 연세에 언어를 배우고 선교지에 적응하기가 힘들고, 단기간에 선교의 열매를 맺을 수 있는 것도 아닌데 차라리 한국에서 목회하시면 좋으련만 하는 것이 솔직한 내 생각이었다. 열정이 넘치고 얼굴에 항상 미소가 가득한 목사님은 용감하게 농촌 지역 오콜라 마을에 교회를 개척하셨다.

　목사님은 지치지 않는 열정으로 일하셨다. 목사님 부부는 매주 5일 아침부터 저녁까지 오콜라 마을을 집마다 찾아다니며 기도해주었다.

　언어가 안 되니 한국어로 기도하셨는데 듣는 이들이 그 뜻은 이해하지 못해도 목사님의 땀과 눈물의 기도에 감동하게 되었다. 농사를 짓느라 뼈마디가 아프고 근육통에 시달리는 농촌 마을 사람들에게 물파스를 바른 후 기도해주니 통증이 시원하게 사라지는 것을 경험하고 하나둘 교회에 나오기 시작하였다.

　그 소문을 들은 추장이 목사님을 집에 초대하였다. 특별히 추

장에게 물파스를 듬뿍 발라주고 기도하니 뻐근하던 몸이 상쾌
해진 추장이 "우리 마을 사람은 모두 교회에 가라."고 지시하여
순식간에 백 명이 넘는 마을 사람들이 교회에 나오게 되었다.
선교사가 십 년을 사역해도 교인 백 명 모이기가 힘든데 불과
삼 년 만에 백 명이 교회에 모이는 것은 기적 같은 일이다.

　김 목사님에게 가장 고민되는 것은 설교였다. 설교를 준비할
때 목사님이 사전을 찾아가며 가정교사에게 서툰 영어로 단어
를 나열하면, 가정교사는 그 단어들에 나름대로 상상을 덧붙여
불어로 문장을 작성한 후 한 단어씩 천천히 읽어주었다. 그러면
목사님은 가정교사가 불러주는 불어 발음을 듣고 한국어로 써
서 그것을 설교시간에 읽었다. 그러니 설교자도 모르는 의미를
청중이 제대로 이해할 리 없었다. 설교가 성도들에게 전달되지
않는다고 느껴질 때 목사님은 답답하여 할렐루야를 외치기도
하고, 심지어 한국말로 하실 때도 있었다. 목사님은 어느 날 설
교에 대한 고민을 나누며 "제가 윤 목사님의 10%만 불어를 할
수 있으면 좋겠습니다"라고 답답함을 털어놓았다.

　김 목사님 목회에 특이한 점은 예배시간에 출석을 부르는 것

이다. 설교 후에 출석부를 들고 교인들의 출석을 확인하고 지난 주에 결석한 교인들이 아팠거나 문제가 있었는지 일일이 점검하고 격려하였다. 설교시간에 은혜를 받지 못한 교인들이 출석시간에 자기 이름을 부르며 관심을 가지고 격려하는 목사님에게서 아버지의 사랑을 느끼며 큰 은혜를 받았다.

하나님의 일은 신비롭기 짝이 없다. 능력 있는 선교사가 오랜 기간 열심히 사역해도 열매가 없고, 여러모로 부족한 선교사가 사역하는데 열매가 나타나기 때문이다. 선교사들이 힘쓰고 애써 일할지라도 선교의 열매는 오직 하나님께 달려있다.

나는 심었고 아볼로는 물을 주었으되
오직 하나님께서 자라나게 하셨나니
그런즉 심는 이나 물주는 이는 아무 것도 아니로되
오직 자라게 하시는 이는 하나님뿐이니라(고린도전서3:6-7)

# 세 종류 선교사

## 사장 선교사

A 선교사는 현지인 제자를 한국에 있는 신학교로 유학 보냈다. 공부를 마치고 돌아온 제자가 목회하지 않고 직장에 취직하자 화가 났다. 야단을 쳤다가 그 제자로부터 따귀를 맞고 충격을 받아 아프리카를 떠났다.

B 선교사는 현지인 제자를 수시로 신학교까지 차로 태워다주고 학비를 후원하고, 결혼식도 치러주고, 어려움이 있을 때마다 도와주었다. 어느 날 그 제자가 교회의 음향장비와 악기를 가지고 달아났다고 하소연하였다.

C 선교사는 현지인 제자를 외국에 있는 신학교에 유학 보내고 전적으로 후원했는데 어느 날 그 제자가 내게 자신의 결혼주례를 부탁하였다. 그에게 "C 선교사가 너를 유학 보내고, 여러 해 동안 후원해주었는데 C 선교사에게 주례를 부탁하는 것이 좋겠다. C 선교사를 배신하면 안 된다."라고 조언했더니 그의 대답이 충격적이었다. "선교사님 그건 배신이 아닙니다. 내게 복음을 전해준 영적 아버지는 따로 있습니다. C 선교사는 신학

교를 졸업하고 사역하던 나를 자기 사역을 위해 스카우트한 겁니다. 그는 나를 낳아서 키운 아버지가 아니라, 나를 고용한 사장입니다. 직장을 바꾸는 것이 배신입니까?"

사장 선교사가 있다. 그는 교회와 학교와 병원을 짓고, 우물을 파고, 구제하고, 신학교 공부와 생활비를 후원하는 등 재정적인 지원을 아끼지 않는다. 현지인은 재정적 필요 때문에 선교사에게 의지하고 선교사의 사역을 열심히 돕는다. 그는 선교사의 재정지원을 받는 직장생활을 할 뿐이고 문제가 있으면 언제든 선교사를 떠날 수 있다. 물질의 힘으로 사역하는 선교사는 불행하다.

시몬이 사도들의 안수로 성령 받는 것을 보고 돈을 드려 이르되
이 권능을 내게도 주어 누구든지 내가 안수하는 사람은 성령을 받게
하여 주소서 하니 베드로가 이르되 네가 하나님의 선물을 돈 주고
살 줄로 생각하였으니 네 은과 네가 함께 망할지어다
(사도행전8:18-20)

## 교사 선교사
카메룬 바푸삼 시에서 사역한 캐나다인 데일 선교사는 가르

치는데 탁월한 은사가 있었다. 그는 격주로 350km를 운전하여 우리 신학교에 와서 강의했는데 학생들에게 인기가 많은 강사였다. 어느 날 강의 후에 그와 사무실에서 차를 마시며 대화할 기회가 있었다. 그가 "윤 목사님, 목사님 교회는 성도가 많은데 그러면 진정한 제자 사역에 어려움이 있습니다. 제자는 소수의 집중적인 훈련을 통해 이루어지는 것 아닐까요"라고 제자훈련에 대한 자신의 견해를 피력하기에 "큰물에 여러 종류의 물고기가 있는 것처럼 수와 양이 모두 필요하다고 생각합니다"라고 내 의견을 나눈 적이 있다.

어느 날 그가 바푸삼 시 침례교 연합집회 강사로 나를 초청하였다. 새벽에 야운데를 떠나 집회 장소에 도착하니 데일 선교사가 시간 전에 온 성도들이 기다리는 동안 말씀을 가르치고 있었다. 그는 성경 원어까지 설명하며 열정적으로 말씀을 가르쳤다. 그는 틈만 나면 말씀을 가르치는 훌륭한 교사다.

집회를 마치고 바푸삼에서 야운데로 돌아오는 길이었다. 데일 선교사는 우리 신학교에 다니는 현지인 제자를 자기 옆자리에 태우고 네 시간을 운전하면서 제자에게 말씀에 관하여 질문하고 대답 듣는 일을 지속하였다. 말씀을 가르치는 데일 목사의 열정은 실로 감동적이었다. 그로부터 몇 달이 지난 후 데일 목사가 사무실에 와서 말했다. "윤 목사님, 바푸삼에서 내 차에 태우고 신학교에 함께 오가던 제자가 나를 떠나서 자기 교회를 시작했습니다. 나를 배신하고 떠난 제자가 벌써 세 명째입니다. 나는 더 이상 선교를 지속할 용기가 없습니다. 나는 선교에 실패했습니다." 그는 결국 카메룬 선교를 포기하고 캐나다로 돌아갔다.


## 아비 선교사

아비 선교사는 복음으로 자녀를 낳는다.

그리스도 안에서 일만 스승이 있으되 아버지는 많지 아니하니
그리스도 예수 안에서 내가 복음으로써 너희를 낳았음이라
(고린도전서4:15).

아비 선교사는 복음으로 낳은 자녀를 양육하기 위해 해산의 수고를 한다.

나의 자녀들아 너희 속에 그리스도의 형상을 이루기까지
다시 너희를 위하여 해산하는 수고를 하노니 (갈라디아서4:19)

아비 선교사는 성장한 자녀를 독립시켜 세상에 보낸다.

아버지께서 나를 세상에 보내신 것 같이
나도 그들을 세상에 보내었고 (요한복음17:18),

아비 선교사는 자녀를 위해 재물을 사용하고, 자신까지도 내어준다.

보라 내가 이제 세 번째 너희에게 가기를 준비하였으나
너희에게 폐를 끼치지 아니하리라
내가 구하는 것은 너희의 재물이 아니요 오직 너희니라
어린 아이가 부모를 위하여 재물을 저축하는 것이 아니요
부모가 어린 아이를 위하여 하느니라.
내가 너희 영혼을 위하여 크게 기뻐하므로 재물을 사용하고
또 내 자신까지도 내어 주리니 너희를 더욱 사랑할수록
나는 사랑을 덜 받겠느냐 (고후12:14-15).

사장 선교사가 너무 많고, 교사 선교사도 많으나, 아비 선교사는 소수다.

# 기도 편지

선교사에게 기도 편지는 참으로 중요하다. 정기적으로 작성하는 기도 편지는 자신의 사역을 평가하고 방향을 정하는 데 도움이 된다. 또한 선교역사를 기록으로 남기는 의미도 있다. 후원자들에게 현장의 소식을 전함으로 기도와 재정의 후원을 받는 것도 매우 중요하다. 특별한 사역이 없을 때 기도 편지를 작성하는 것은 선교사에게 부담되는 일임이 분명하나 그럴 때일수록 더 많은 기도의 후원이 필요한 때이니 기도 편지 보내는 것을 등한시하지 말아야 한다.

아프리카 선교사역 34년 중에 120회의 기도 편지를 보냈다. 세달 반마다 기도 편지를 보낸 셈이다. 두세 달에 한 번 보내는 게 적당한데 좀 부족하다. 하여튼 기도 편지는 정기적으로 보내는 것이 중요하다.

기도 편지는 사실 그대로를 기록하는 것이 중요하다. 내용을 과장하거나 자화자찬하는 것은 곧 드러난다. 의도적으로 사실을 왜곡하는 것이 아니고, 현실 파악에 문제가 있어 실수하는 것은 사람의 연약함에서 오는 것이므로 이해될 수 있을 것이다.

기도 편지는 긍정적이어야 한다. A 선교사는 현지인들에게 실망하고 분노하여 현지인들은 도둑놈이고, 거짓말쟁이라고 비난하는 내용을 적어 후원교회에 보냈다. 그 기도 편지를 받아 든 후원교회와 교인들의 심정은 어떠할까. 현지인을 사랑하라고 파송했더니 사랑하지 못하고 미워하는 선교사를 위해 기도하고 후원할 마음이 들겠는가. 비록 현지인들이 나쁘다 할지라도 그들을 사랑하지 못하는 자신을 회개하고, 그들을 사랑할 수 있도록 기도 요청을 해야 한다. 결국 A 선교사는 현지 적응에 실패하여 선교지를 떠났고, 무허가 건물을 지어 예배당이 몇 차례 헐리는 어려움 중에도 선교사를 후원하던 교회는 큰 상처를 입게 되었다.

기도 편지에는 가능한 생생한 현장 이야기나 감동적인 간증이 포함되는 것이 좋다. 이처럼 생생한 이야기가 포함될 때 기도 편지를 읽는 후원자들은 자신이 선교 현장에 함께 있는 것 같은 생각이 들어 더 간절하고 구체적으로 기도할 수 있다.

기도 편지는 너무 길지 않아야 한다. 요즘처럼 분주하고 할 일 많은 시대에 너무 많은 내용을 담아 보내면 다 읽지 않을 수 있다. 한쪽이나 두 쪽 정도 길이에 현장의 사진을 담아 보내면 좋을 것이다.

선교사 자신과 후원자들을 위해서 기도 편지의 중요함은 아무리 강조해도 지나치지 않는다. 오랜 기간 선교하면 매너리즘에 빠져 기도편지 작성을 등한시할 수 있다. 그러나 오히려 오래 선교할수록 더 성실하게 기도 편지를 작성하는 것이 중요하다.

## 돈이 문제다

A 선교사는 건축비를 받을 때마다 한 예배당에 간판을 여러 번 바꿔 달아 후원금을 착복한다. B 선교사는 목사의 재정적 자

립을 위해 염소 한 쌍 사주는 운동을 벌이며 염소값을 부풀린다. C 선교사는 학교 건물을 자신의 명의로 하여 소유권 문제로 후원교회와 재판 중이다. 선교사들의 재정관리가 투명하지 못해 후원자들이 실망하고, 이것이 한국교회 선교의 위기로 이어지고 있다.

선교사는 반드시 후원금을 목적에 맞게 사용해야 한다. 그렇지 않으면 실상을 파악한 후원자들이 등을 돌리고 선교사역이 어려워지는 날이 온다.

최 권사가 삼천만 원을 송금하며 당부하였다. "선교사님, 절대로 사역에 쓰시면 안 돼요. 선교사님 자신을 위해 쓰셔야만 해요. 자동차를 사시든지 집에 필요한 것을 사시든지 반드시 개인적으로 필요한 데 쓰세요. 절대로 예배당을 짓든지 하시면 안 돼요. 약속해주세요. 꼭 선교사님 개인을 위해 쓰세요. 아셨죠." 권사님은 거듭 당부하셨고, 나는 거듭 약속하였다.

차드의 티벨라 마을에 갔더니 교인들이 예배당이 없어 망고나무 아래 모여 예배를 드리고 있었다. 대낮의 뜨거운 태양 아래 예배드리고, 비를 맞으며 예배드리려니 어려움이 많았다. 그래서 최 권사의 헌금으로 자그마한 흙벽돌 예배당을 지어주었다.

카메룬에서 코트디부아르에 파송한 현지인 선교사 셀레스텡이 오토바이에 기타를 싣고 다니며 예배를 인도하는데 자주 내리는 비 때문에 어려움이 많다고 호소하였다. 최 권사의 헌금으로 중고 자동차를 사주었다.

카메룬 열방 학교에 전기가 없어 기숙사에 있는 학생들이 어려움을 호소하였다. 최 권사의 헌금으로 열방 학교에 전기를 끌어왔다.

티벨라 교회를 건축하고, 셀레스텡의 자동차를 사고, 열방 학교에 전기를 끌어오니 최 권사가 보내준 헌금이 한 푼도 남지 않았다.

티벨라 교회 건축을 마친 후 최 권사의 이름을 새긴 현판을 달고 봉헌식을 하였다. 봉헌식 사진을 권사님께 보내드렸는데 권사님의 반응이 나를 놀라게 하였다. "할렐루야. 내 생전에 아프리카에 교회를 짓게 하신 주님 감사합니다. 내 이름으로 지은 예배당을 아프리카에 남기고 천국 가게 하시니 주님 감사합니다. 선교사님 부족한 제게 이런 영광을 주셔서 감사합니다."


## 교회는 병원이다


　문제를 일으키는 교인을 징계하자는 의견이 목회자 모임에서 종종 나온다. 나는 교회에서 징계를 거의 하지 않는다. 37년 목회 중에 두 번 징계했는데 한 번은 내게 반기를 든 집사 전체를 징계했고(후에 나의 경솔한 판단을 많이 후회하였다), 두 번째는 교인 집을 순회하며 선지자 행세를 한 교인 두 명을 징계하였다. 징계하지 않고 문제를 일으키는 교인들을 그대로 두면 다른 교인들에게 나쁜 영향을 주며 교인들 또한 불평이 많아 징계할 수밖에 없었다.

　징계하지 않는다고 불평하는 목사들에게 성경 말씀으로 대답하였다.
　주님은 "가라지를 뽑지 말고 가만 두라"고 하셨다.

집주인의 종들이 와서 말하되 주여 밭에 좋은 씨를
뿌리지 아니하였나이까 그런데 가라지가 어디서 생겼나이까.
주인이 이르되 원수가 이렇게 하였구나 종들이 말하되
그러면 우리가 가서 이것을 뽑기를 원하시나이까.
주인이 이르되 가만 두라 가라지를 뽑다가
곡식까지 뽑을까 염려하노라.
둘 다 추수 때까지 함께 자라게 두라 추수 때에 내가
추수꾼들에게 말하기를 가라지는 먼저 거두어 불사르게 단으로 묶고
곡식은 모아 내 곳간에 넣으라 하리라 (마태복음13:27-30)


주님은 "가라지를 뽑지 말고 가만 두라"고 하셨다.

바리새인과 그들의 서기관들이 그 제자들을 비방하여 이르되
너희가 어찌하여 세리와 죄인과 함께 먹고 마시느냐.
예수께서 대답하여 이르시되 건강한 자에게는 의사가 쓸 데 없고
병든 자에게라야 쓸 데 있나니 내가 의인을 부르러 온 것이 아니요
죄인을 불러 회개시키러 왔노라 (누가복음5:30-32)


예수는 의사다. 그리고 죄인들은 병자다. 그렇다면 의사인 예
수를 만나러 병자인 죄인이 오는 교회는 병원이다. 교회는 천국
이기 보다는 오히려 병원이다. 따라서 온갖 병자들이 모이는 교
회에 많은 문제가 생기는 것은 전혀 이상한 일이 아니고 오히려
당연한 일이다. 병자들이 많이 온다고 쫓아내는 병원이 있는가.

병자들이 많다고 불평하는 병원이 있는가. 오히려 병자들이 없는 병원이 문제 아닌가. 교회에 오는 사람들은 다 치료가 필요한 병자들이다. 병자가 아프다고 야단치는가. 아프기에 더 세심한 배려와 격려가 필요한 것 아닌가.

예수는 좋으나 교회가 싫다는 사람들이 많다. 교인 때문에 목사 때문에 교회를 떠나는 사람들이 많다. 교회가 병원임을 인식하지 못하기 때문이다. A 교감은 신분에 맞춰 할당된 건축비를 내라는 요구를 받자 교회를 떠났다. 왜 교회가 교인들에게 스트레스를 주는가. 교회는 교인들에게 치유와 쉼을 주는 병원이다. 교인들이 치유 받아 건강해지면 자라고 열매 맺어 강요에 의해서가 아니라 자발적으로 헌금도 하고 봉사도 하는 것이다.

교회는 병원이라는 신념으로 교인들에게 어떤 징계도 하지 않고, 어떤 부담도 주지 않으며, 오로지 그들을 기쁘게 하는 일만 하려고 힘쓰고 있다.

수고하고 무거운 짐 진 자들아 다 내게로 오라
내가 너희를 쉬게 하리라 (마태복음11:28)

유대인에게나 헬라인에게나 하나님의 교회에나
거치는 자가 되지 말고, 나와 같이 모든 일에 모든 사람을
기쁘게 하여 자신의 유익을 구하지 아니하고
많은 사람의 유익을 구하여 그들로 구원을 받게 하라
(고린도전서10:32-33)


# 후원교회


K 선교사는 선교지에 온 지 일 년 만에 예배당을 건축하라는 후원교회의 요청을 받았다. 언어를 배우고 현지 적응하기에 바빠 아직 사역을 시작하지도 못하던 때였다. 후원교회가 교회 창립기념으로 아프리카에 예배당 건축을 결정했기 때문에 할 수 없이 인근에 있는 한 교회를 건축해주었다. 주일에 K 선교사와 함께 그 교회에 가니 큰 예배당에 이십여 명의 교인이 앉아 있고 사모가 예배를 인도하고 있었다. 목사는 어디 갔는지 물어보니 토요일에 집사들과 함께 장례식에 가서 안 왔다는 황당한 얘기를 들었다.

선교사들은 후원교회에 많은 관심이 있고, 후원교회로 인한 스트레스도 많다. 선교사의 사역은 후원교회에 달렸다고 해도 과언이 아니다. 선교사를 후원한 지 십 년이 되거나 담임목사가 바뀌거나 여러 이유로 인해 도중에 후원을 중단하는 교회들이 적지 않다. 다수의 선교사가 기본 생계비를 받지 못해 재정적인 어려움을 겪고 있다.

필자는 후원교회들의 변함없는 후원 덕택에 큰 어려움 없이 사역에 전념할 수 있었다. 교단의 1, 2, 3 후원교회 정책은 바람직하다는 생각이 든다. 한 교회가 선교사를 100% 후원하면, 선교사가 그 교회에 의존하게 되고 그 교회가 무리한 요구를 하거나 후원을 중단하는 등의 어려움을 겪을 수도 있다. 하지만 여러 교회가 함께 후원하면 선교사는 더 많은 기도의 후원을 받게 되고, 안정적으로 선교할 수 있다.

필자의 제1 후원교회인 수정동교회는 필자를 첫 선교사로 파송하고 현재까지 37년 동안 변함없는 사랑을 보여주고 있다. IMF 외환위기 당시 한국교회들이 재정적 위기에 처하자 선교비를 줄이거나 중단하여 많은 선교사가 선교지를 떠나 귀국하던 상황에서 수정동교회는 선교비가 줄면 안 된다며 선교비를 달러화로 환산해 보내 주었다. 다른 모든 후원교회도 파송한 후부터 현재까지 열심히 기도하며 후원하고 있다. 후원교회들이 뜨겁게 기도해주고 열심히 후원해주어 아프리카 여러 나라에 200여 개의 교회가 세워지고 많은 영혼이 구원받게 되었다. 후원교회들에게 마음을 다해 깊은 감사를 드린다.

선교는 결코 하루아침에 이루어지지 않는다. 한국에서도 교회를 개척하면 10년간 힘든 시기를 겪어야 하는데 언어와 문화가 전혀 다른 선교지에서 어떻게 빠른 성과를 기대할 수 있겠는가? 필자의 경험으로는 10년이 되어야 선교지에 적응이 되고, 20년이 되면 현지에 특화된 전략을 세워 일할 수 있으며, 30년이 되면 노하우가 생겨 눈덩이 굴러가듯 사역이 확장되어간다. 하지만 안타깝게도 한국 선교사의 평균 사역 기간은 10년에 불과하다. 선교지에 적응해서 일을 본격적으로 시작할 만하면 떠나는 것이다. 선교사들이 10년 만에 떠나는 이유 가운데 하나가 후원교회 문제 때문인 것은 서글픈 현실이다.

물론 선교사의 잘못으로 실망하여 후원을 중단하는 교회들이 있다. 그러나 선교지에서 오는 극심한 외로움과 스트레스로 인해 탈진하는 선교사들의 현실을 이해하고 선교사들을 비판하기 이전에 이해해주고 기다려주는 후원교회의 자세가 보고 싶다. 선교사를 파송하면 그가 평생 선교사로 일할 수 있도록 기도하고 사랑하며 인내하는 후원교회들이 많아질 때 대를 이어 사역하는 선교사가 많아지고 선교 현장마다 많은 열매가 나타날 것이다.

## 머리 둘 곳이 없다

예수께서 이르시되 여우도 굴이 있고 공중의 새도 집이 있으되
인자는 머리 둘 곳이 없도다 하시고 (누가복음9:58)

선교사로 떠난 지 십 년 만에 처음으로 고국에 와서 김포공항 입국장을 나가는 순간 전혀 낯선 나라에 온 것 같은 충격을 받았다. 한국 사람으로 가득한 공항에서 혼자 외톨이가 된 기분이 들었다. 항상 흑인들과 함께 살다 보니 나도 모르게 검은색에

익숙했던가 보다. 갑자기 주위가 검은색에서 황색으로 바뀌니 나 혼자 검은 것 같은 그런 느낌이었다. 선교사가 선교지로 가면 문화충격으로 고생하는데 오랜만에 고국으로 돌아와도 역으로 문화충격을 받는다. 토큰을 내고 버스 타던 시절에 한국을 떠났기에 한국에 돌아와서 토큰을 사려다 수상한 사람으로 오해받기도 하고, 기차 시간에 15분 늦게 역에 도착해서 정시에 떠난 기차를 원망하고 하는 일마다 바뀐 환경에 적응하지 못해 모자란 사람처럼 행동하는 게 선교사다. 아프리카에 와서 나의 활기찬 모습을 본 성도들이 "선교사님, 왜 아프리카에서는 힘이 넘치더니 한국에서는 힘이 없으세요?"라고 질문하는 그대로 나는 한국에 오면 바뀐 환경에 익숙하지 않은 나그네에 불과하다.

선교사에게 안식년은 너무도 중요하다. 고국과 가족을 떠나 전혀 다른 환경에서 살며 알게 모르게 쌓인 스트레스에서 해방되고, 사랑하는 사람들과의 이별에서 오는 외로움을 해결하며, 몸과 영혼의 질병과 탈진상태를 치유하고, 후원교회에서 선교 보고를 하여 선교에 관심을 불러일으키는 등 안식년은 선교사에게 꼭 필요하다.

하지만 선교사에게 쉼을 주어야 할 안식년이 오히려 많은 스트레스를 주고 있다. 그래서 선교사들의 안식년은 '안식년'이 아니라 '안쉴년'이란 말이 생기게 되었다. 안식년이 되어 고국에 와도 쉴 처소가 없기 때문이다. 가족이나 처가 집에 머무는 경우가 있으나 한두 달도 아니고 아이들과 함께 일 년을 머물 수는 없다. 그래서 선교사는 교회나 선교단체가 운영하는 안식관을 찾아 전전하는 나그네가 된다. 안식관에 머무는 기간도 한두 달 길어야 여섯 달이어서 안식년 동안 여러 차례 짐을 싸서 이사해야 한다. 그나마 시설이 열악한 곳이 대부분이다. 지난 안식년 때는 상가를 개조해서 숙소로 만든 곳에 머물렀는데 거실에 난방이 안 되어 방 안에만 머물러야 하였다. 화장실이 집 밖의 복도에 있어서 겨울에 샤워하면 너무 추워 딸의 집에 가서 샤워하곤 하였다.

선교사는 각종 병으로 시달린다. 특히 사모들은 암에 걸려 사망하는 경우가 종종 발생한다. 선교지의 의료 환경이 열악한 탓에 병이 생겨도 적절한 치료를 받을 수 없어 병을 키워 고국에 오니 치료시기를 놓치는 것이다.

선교지에서 자란 한국 선교사의 자녀들은 언어와 문화 적응이 필요 없는 훌륭한 선교자원이다. 그러나 한국 선교사 자녀 중에 외국 선교사처럼 대를 이어 선교하는 경우가 거의 없다는 사실은 한국 선교의 큰 손실이다. 왜 한국 선교사 자녀들이 선교사가 되려고 하지 않는지를 한국교회는 심각하게 질문할 필요가 있다.

　　일부 선교사의 실망스러운 행동으로 선교사를 보는 시선이 차가워지는 것은 안타까운 일이다.

　　그러나 대다수 선교사는 부모 형제와 고국을 떠나 선교지에서 악전고투하며 주를 위한 선한 싸움을 싸우고 있다. 한국교회가 선교사를 탓하기 전에 좀 더 이해해주고 격려하며 기다려주었으면 하는 바람이 있다. 그리고 평생 나그네로 이방인으로 사는 선교사들에게 머리 둘 곳을 마련해 주었으면 하는 것이 간절한 소망이다.

# 아! 어머니

　아버지가 위독하시다는 연락이 왔다. 그러나 카메룬 북서부 바멘다 지역에 목회자세미나가 잡혀있었다. 이미 초청장이 나가고 많은 목사가 등록한 상황에서 취소할 수는 없었다. 목회자 세미나는 예정대로 진행되었고 아버지는 돌아가셨다. 몇 달이 지나서야 무덤에 가서 아버지를 뵐 수 있었다.

　선교사에게 가장 힘든 것 중의 하나가 선교지에 나가서 부모를 돌보지 못하는 것이다. 그리고 연로한 부모님이 아프거나 돌아가실 때 그 곁을 지키지 못하는 것이다. 잠시 한국에 들어올 때마다 점점 연로해가는 어머니를 뵈면 마음이 아프다. 한국에 왔다 떠날 때 두 손으로 아들 손을 꼭 쥐고 이번이 아들을 마지막으로 보는구나 하는 시선을 느낄 때 꾹 참은 마음속에서 피 눈물이 흐른다. 평생 선교지에 가서 어머니를 돌보지 못하는데, 어머니는 아들이 올 때마다 연로한 몸으로 한 가지 반찬이라도 더 차려주려고 신경 쓰신다.

어머니 입에서 신음 소리가 가끔 나오고 가슴 통증을 호소하시더니 급기야 넘어져 고관절이 부러져 수술하고 입원하셨다. 혈액이 부족하고 헤모글로빈 수치가 너무 낮아 빈혈로 쓰러지신 듯하다. 날이 갈수록 연약해져 가는 어머니를 볼 때마다 마음이 아프다. 어머니. 아프리카인들을 돌본다면서 어머니는 돌보지 못하는 아들이네요. 아! 어머니.

또 다른 사람에게 나를 따르라 하시니 그가 이르되 나로 먼저 가서 내 아버지를 장사하게 허락하옵소서. 이르시되 죽은 자들로 자기의 죽은 자들을 장사하게 하고 너는 가서 하나님의 나라를 전파하라 하시고, 또 다른 사람이 이르되 주여 내가 주를 따르겠나이다마는 나로 먼저 내 가족을 작별하게 허락하소서. 예수께서 이르시되 손에 쟁기를 잡고 뒤를 돌아보는 자는 하나님의 나라에 합당하지 아니하니라 하시니라 (누가복음9:59-62)

예수께서 이르시되 내가 진실로 너희에게 이르노니 나와 복음을 위하여 집이나 형제나 자매나 어머니나 아버지나 자식이나 전토를 버린 자는 현세에 있어 집과 형제와 자매와 어머니와 자식과 전토를 백 배나 받되 박해를 겸하여 받고 내세에 영생을 받지 못할 자가 없느니라 (마가복음10:29-30)

# 자녀교육

선교사의 큰 고민 가운데 하나가 자녀교육이다. 한국의 좋은 환경에서 자라는 아이들을 볼 때면 부모 따라 선교지에 와서 고생하며 풍토병이나 말라리아로 시달리는 자녀에게 부모로서 미안한 마음을 가질 수밖에 없다. "아이들은 한국이나 외국에 보내 공부시켜라. 그들이 아프리카에서 자라면 앞으로 어떻게 되겠나. 부모는 선교사로 헌신했다지만 아이들은 무슨 죄가 있는가?"는 염려가 담긴 조언을 주위에서 여러 차례 받았다. 고민이 되었지만 어린 자녀는 부모와 함께 있는 것이 좋겠다는 생각에 고등학교까지는 아프리카에서 데리고 있기로 하였다.

외국에서 자란 한국 아이들이 한국어를 잘하지 못하고, 자기들끼리 영어로 대화하는 것이 좋아 보이지 않았기에 아이들에게 집에서는 한국어만 사용하도록 하였다. 외국어는 학교에서 온종일 사용하기에 자연히 배우지만 한국어는 집에서가 아니면 사용할 기회가 없기 때문이다. 한국어를 익히기 위해 매일 가정예배를 드리면서 성경 한 장을 소리 내어 읽도록 하였다.

두 살과 7개월 때 아프리카에 간 아이들이지만 말하는 것을 들으면 외국에서 자란 아이들 같지 않게 한국어를 자연스럽게 구사한다. 물론 어휘의 부족함은 있다. 관진이가 어릴 때 허리에 양손을 얹고 폼을 잡으며 이제 슬슬 '데이트'를 할까 해서 누구와 데이트 할 것이냐고 물었더니 '다이어트'를 말한 거였다. 비 오는 날에 '번둥'이 친다고 '번개와 천둥'을 합한 신조어를 만들기도 했다.

안식년 때 한국에 가서 아이들이 석 달 동안 학교에 다닌 적이 있었다. 하루는 초등학교에 다니던 딸이 학교에서 돌아와 훌쩍이며 무언가 찾기에 이유를 물어보니 "어떤 학교 오빠가 아무에게도 말하지 말고 돈을 가져오라"고 했다는 것이다. 아이와 함께 나가보니 상급생 남자아이가 기다리고 있었다. "나는 희진이 아빠야 아프리카 선교사고. 우리 딸이 아프리카에서 자라서 아무 것도 몰라. 네가 오빠니까 잘 도와주면 고맙겠다."라고 격려해서 보냈다.

그 일을 계기로 한국에서 학교 다니는 것이 좋지만은 않다는 사실을 알게 되었다. 친구들에게 왕따 당하고, 폭력에 시달리고, 방과 후에는 학원에 쫓아다니느라 쉬지도 못하는 한국 아이들보다 오히려 아프리카 학교가 여러 면에서 좋았다. 우리 아이들이 다닌 학교는 선교사 자녀를 위한 학교(Rainforest International School)로 선교사들이 가르친다. 분기마다 축구 농구 수영 등 운동을 많이 하여 한창 자라는 아이들의 체력을 키워준다. 운동할 때도 기도로 시작하고 마치는 학교다. 졸업할 때는 학생들에게 각자 성구를 주고 교사들이 축복기도를 해준다. 아이들은 학교 가는 것을 좋아하였다. 잠옷 차림에 세수하지 않고 학교 가는 날, 빨간 옷차림으로 학교 가는 날, 얼굴에 페인팅하고 학교 가는 날, 매주 금요일은 영화 보는 날 등 다양한 아이디어로 아이들을 즐겁게 해준다. 4천 미터 고도의 카메룬산에 오르기 위해 두 달 동안 매주 먼 거리를 걷고 달리며 체력을 보강하여 정상을 정복하는 쾌감을 느끼게 해준다. 수업은 주입식이 아니라 토론식이어서 학생들이 중요한 이슈에 대해 발표하고 토론하며, 함께 잡지를 만들고, 캠핑도 간다. 졸업반 아이들에게는 평소 마음에 간직한 이성 친구에게 꽃다발을 들고 찾아가서 함께 호텔연회장으로 오는 특별한 행사가 있다. 고등학교를 졸업하고 성년이 된 남녀가 사회생활을 시작하는 첫발을 이처럼 내딛는 것이다.

우리 아이들은 아프리카에서의 학창 시절을 행복해하였고, 방학이 되면 학교에 가지 않는 것을 속상해하였다. 학생들의 유대감은 대단하여 동창들은 결혼식에 비행기를 타고 외국에 가서 축하해 줄 정도다. 우리 아이들은 아프리카에서 행복한 학창 시절을 보내고 한국에 돌아와 대학과 대학원을 졸업하였다. 인간적인 염려와 달리 자녀들을 좋은 길로 인도해 주신 하나님께 감사드린다.

## 가정과 교회

전주안디옥교회 이동휘 원로목사께서 한국교회가 왜 쇠퇴하고 있는지 그 원인을 찾아보셨다. 교회가 담임목사 자격에 박사 학위를 요구하고, 철야 기도회가 심야 기도회로 바뀌는 등 여러 원인 가운데 가정 사역이 포함되었다. 미국에서 건너온 가정 사역은 가정을 매우 중시한다. 크리스천의 전통적인 우선순위는 하나님-교회-가정 순서였으나, 가정 사역은 하나님-가정-교회로 우선순위를 바꾸었다. 서구선교사들은 선교지에서 이 순서를 철저히 지킨다. 교회보다 가정이 우선이다. 그래서 매년 가족과 함께 휴가를 떠나는 것은 기본이고, 자녀와 함께 많은 시간을 보낸다. 가정을 중시하는 만큼 교회에 쏟는 시간과 관심은 줄어들 수밖에 없다.

우리는 아프리카에서 하나님-교회-가정의 전통적인 순위를 따랐다. 새벽기도회에 참석하니 아이들이 학교에 가는 준비를 하는데 아무래도 소홀할 수밖에 없다. 교회 일에 바쁘니 식사 시간 외에는 아이들과 함께 보내는 시간이 많지 않다. 그렇다고 휴가를 내어 아이들과 함께 여행가는 일도 드물다. 가진 재정을 모두 건축비로 지출하니 집세를 낼 여유가 없어 건축 중인 예배당 3층을 판자로 막아 임시로 기거하였다. 아이들은 2미터 높이로 칸을 막고 그 위의 공간은 훤히 열려 있는 자기 방 책상 위로 올라가 킥킥대며 대화를 나누곤 하였다.
아이들 학비를 제때 내지 못하여 학교에서 독촉장을 받은 적도 있다. 건축 때문에 생긴 빚으로 스트레스를 받곤 하였다. 주위에서 우리가 너무 교회에만 집중하느라 자녀를 방목한다는 말이 들려왔다. 하지만 교회는 갈수록 성장하고 교회 일은 더 많은 시간을 요구하였다. 아이들을 주께 맡기는 것 외에 다른 방법이 없었다. 그러나 주의 은혜로 아이들은 착하고 올곧게 잘 자라주었다.

마땅히 행할 길을 아이에게 가르치라
그리하면 늙어도 그것을 떠나지 아니하리라 (잠언22:6)

## 다른 복음

아프리카에서 교회 지도자의 횡포는 심각하다.

콩고인 카자디 목사는 주일예배 설교 도중에 여 선지자가 "하나님이 설교를 중단하라고 말씀하셨다.'는 예언을 하는 순간 마이크를 빼앗기고 설교를 중단해야 했다. 그의 딸 에스더는 아버지가 곧 저주받아 죽을 것이라는 예언을 듣고 짐승처럼 울부짖었다. 불임으로 고민하던 라헬 집사는 회삿돈 1,400만 원을 빼내어 헌금하면 하나님이 상사의 눈을 가리어 돈이 없어진 것을 못 보게 하시고, 아이를 가지게 하실 것이라는 선지자의 예언에 순종하여 회삿돈을 빼내었다가 직장에서 쫓겨났다. 코트디부 아르 영부인은 믿음 좋은 크리스천으로 대통령궁에 매주 금요 일마다 선지자를 초청하여 말씀을 들었다. 그런데 초청받은 선 지자마다 하나님이 거액의 헌금을 자신에게 하라고 하셨다는 예언을 선포하는 바람에 결국 대통령궁의 성경공부는 중단되 고 말았다.

이번 목회자세미나에 참석한 목사는 교회 담임목사가 천주교 인과 결혼한 후 마리아를 숭배하는 바람에 교회가 분열되었다 며 상담을 요청하였다.


말씀도, 믿음도, 윤리도, 사명도 없는 교회지도자 때문에 교 회는 조롱을 당하고 양들은 길을 잃고 방황하고 있다. 교회에 성공, 치유, 기적, 부, 형통 등의 다른 복음이 흥행하고 있다.


다른 복음으로 혼란한 아프리카 땅에 성경적 복음을 충성되 게 전파하는 목사들을 세우기 원한다. 아프리카 땅에 성경적 복 음만을 전하는 증인들이 세워지기를 소원한다.

목회자세미나를 통해 아프리카 땅에 복음의 비전을 품은 지 도자들이 우후죽순처럼 일어나기를 기도한다.

다른 복음은 없나니 다만 어떤 사람들이 너희를 교란하여
그리스도의 복음을 변하게 하려 함이라.
그러나 우리나 혹은 하늘로부터 온 천사라도
우리가 전한 복음 외에 다른 복음을 전하면 저주를 받을지어다
(갈라디아서1:7-8)

# 피의 복음

"성경을 짜보아라. 피가 나올 것이다."라는 루터의 말대로 성경은 피로 가득하다. 아담 부부의 가죽옷을 위해 흘린 피, 유월절 어린 양의 피, 각종 제사마다 흘리는 수없이 많은 짐승의 피, 라합의 가족을 구원한 붉은 줄. 죄 사함을 얻게 하려고 모든 사람을 위하여 흘리신 예수의 언약의 피. 왜 성경은 피로 가득한가? 피가 생명이고, 능력이기 때문이다.

성경은 보혈의 7가지 능력에 관해 말한다. 첫째, 보호하는 능력이다. 하나님은 유월절에 이스라엘 자손이 집 문에 바른 어린

양의 피를 보시고 그들을 구원하셨다. 이처럼 구원은 오직 그리스도의 피에 의존한다. 오직 예수그리스도의 피에 의지할 때, 그 피가 우리를 죽음의 재앙으로부터 보호한다. 둘째, 영생을 주는 능력이다. 예수의 살이 내 죄로 인해 찢기고, 예수의 피가 내 죄 때문에 흘렀다는 사실을 믿는 자는 예수와 하나가 된다. 그는 영생을 가졌다. 그리고 예수 다시 오실 때 그의 몸이 부활한다. 셋째, 속죄하는 능력이다. 죄 때문에 우리는 죽어야 한다. 그런데 예수께서 우리 대신 죄의 삯을 다 치루셨다. 그래서 우리 죄는 사함을 받았다. 넷째, 치유하는 능력이다. 이는 선지자 이사야를 통해 하신 말씀에 "우리 연약한 것을 친히 담당하시고 병을 짊어지셨도다" 함을 이루려 하심이더라 (마태복음8:17). 예수는 십자가에서 그 몸으로 우리 약함과 질병을 담당하셨다. 예수 보혈은 우리 몸의 약함과, 질병 때문에 흘린 피다. 예수 보혈 때문에 우리 죄가 사함 받을 뿐 아니라, 우리 몸의 약함과 질병도 고침 받는다. 다섯째, 화목하게 하는 능력이다. 예수 보혈은 하나님과 죄인을 화목하게 하고, 죄인들끼리 화목하게 한다. 예수 보혈로 하나님과 나는 원수에서 아버지와 자녀가 된다. 그래서 나를 향한 하나님의 진노는 사랑으로 변한다. 예수 보혈로 나와 이웃은 원수에서 형제가 된다. 여섯째, 하나님을 섬기게 하는 능력이다. 이스라엘 백성에게 하나님께 나아가고, 하나님을 섬기는 일은 두려운 일이었다. 그러나 우리는 예수 보혈을 힘입어 감사함과 담대함으로 하나님을 섬기게 되었다. 일곱째, 사탄을 이기는 능력이다. 십자가로 인해 사탄은 무장해제 되었다. 십자가는 부끄러워할 것이 아니라, 자랑할 것이다. 십자가는 약함이 아니라, 강함이다. 십자가는 패배가 아니라 승리다. 우리 모두 예수의 피를 힘입어 능력 있는 하나님의 자녀로 승리하는 삶을 살자.

## 복음불패

이 목사는 독일에 유학 가서 신앙적인 회의에 빠져 고민하다가 로마서를 통해 회복되었다. 그는 예수가 빌라도 앞에서 재판받을 때 그를 고소하고 욕하는 사람은 많아도 변호하는 사람이 단 한 사람도 없었던 사실에 화가 나서 예수를 변호하는 복음 전도자로 살기로 작정하였다. 그가 일 년 52주 로마서만 전한

해가 있었다. 제직들이 교회에 새 신자가 많이 오는데 로마서는 너무 어렵고 절기에는 로마서가 아닌 절기 설교를 하면 좋겠다는 제안을 하였다. 하지만 이 목사는 "복음은 결코 실패하지 않는다."는 신념으로 로마서 설교를 지속하였다. 이 목사가 섬기는 교회는 특이하게도 여자 교인보다 남자 교인이 더 많고 남자들이 복음을 듣고 눈물로 회개하고 믿는 일이 계속 일어나고 있다.

이 목사는 젊을 때 선교사로 헌신했으나 선교사로 나가지 않은 것에 대한 마음의 빚이 있어 매년 아프리카에 와서 복음을 전한다. 그의 메시지는 명쾌하고 깊이가 있어 듣는 이들에게 감동을 준다. 그를 몬트리올 선교대회에 강사로 초청했는데 그의 메시지를 들은 선교사들이 큰 은혜를 받았다. 선교사들이 이 목사의 메시지를 듣기 위해 아프리카로 초청하였다. 그래서 아침부터 오전 내내 이 목사의 강의를 들었다. 오후에는 쉬면서 교제하는 시간을 가졌는데 테니스를 좋아하는 강사와 함께 테니스를 치게 되었다. 이 목사가 강조하는 "복음은 어떤 상황에서도 실패하지 않는다."는 말에 착안하여 이 모임에 복음불패라는 이름을 붙이게 되었다. 매년 불어권 아프리카 국가들을 순회하며 복음불패 선교대회를 열고 그 나라 선교사들과 함께 복음을 듣고 테니스도 치며 그리스도 안에서 끈끈한 유대관계를 맺어가고 있다.

내가 복음을 부끄러워하지 아니하노니 이 복음은 모든 믿는 자에게 구원을 주시는 하나님의 능력이 됨이라 먼저는 유대인에게요 그리고 헬라인에게로다 (로마서1:16)


## 테니스 할렐루야


선교사 중에 질병으로 숨지거나 고생하는 분이 상당히 많다. 특히 사모들은 암에 걸리는 경우가 흔하다. 고국을 떠나 열악한 환경에서 악전고투하니 건강에 이상이 오는 것이 당연할지도 모른다. 선교사로 오래 일하려면 건강이 필수적이다.

아프리카에서 건강관리를 위해 어떤 운동을 할까 생각하다가 조깅을 시작하였다. 이른 아침에 현지인 세 명과 함께 뛰는데 하나둘 중도에 포기해서 혼자 남게 되었다. 혼자 뛰기는 내키지 않아서 고민하다가 테니스를 시작하게 되었다. 테니스는 격렬한 운동 같으나 막상 해보면 나이가 들어서도 계속할 수 있는 좋은 운동이다. 축구나 농구를 하다가 다친 선교사를 여럿 보았다. 하지만 테니스는 혼자 하므로 남과 부딪혀 부상당할 염려가 없다. 무리하지 않고 한 시간을 뛰면 온몸이 땀에 젖는 좋은 운동이다. 테니스를 매주 사흘씩 치면서 체력이 좋아지고 종종 앓던 말라리아도 거의 걸리지 않고 건강한 나날을 보내고 있다.

테니스에 재미를 붙이면서 아프리카 선교사들에게 테니스 전도사가 되었다. 후배 선교사가 아프리카에 오기 전에 준비물을 문의해오면 테니스 라켓을 권한다. 내가 테니스에 입문시킨 선교사만 열 손가락에 꼽을 수 있고 그들은 테니스 하기를 잘했다는 말을 종종 한다.

테니스를 30분도 못 치고 주저앉아 거친 숨을 몰아쉬던 박 선교사는 요즈음 두 시간을 뛰어도 끄떡없다. 자주 병에 시달리던 허약체질이 바뀌었단다. 최근에 코로나19에 걸렸는데 거뜬히 이겨내었다. 류 선교사는 담석으로 인한 통증으로 병원에 갔더니 의사로부터 당장 수술하라는 진단을 받았다. 현지병원에서 수술하기에는 믿음이 안 가고 한국에 갈 형편도 안 되어 망설이고 있는데 어느 날 놀라운 일이 일어났다. 뙤약볕에서 테니스를 친 후 갈증이 심해 물을 벌컥벌컥 마시는데 갑자기 배가 아파 화장실에 갔더니 담석이 모두 밑으로 빠져나와 수술하지 않고 치료가 되었다. 할렐루야! 그래서 테니스 할렐루야라는 말이 나오게 되었다.

테니스를 통해 몇 가지 교훈을 배우게 되었다. 첫째, 공에 시선을 집중해야 한다. 공에 시선을 집중하지 않고 어림잡아 치면 공이 엉뚱한 방향으로 날아간다. 둘째, 유연성이 필요하다. 파리채를 휘두르듯 공을 치는 순간만 힘을 싣고, 공을 치기 전후에는 힘을 빼야 한다. 셋째, 비어있는 공간에 신경을 써야 한다. 상대방은 나의 약점을 노리기 때문에 언제든지 약점을 방어할 준비가 필요하다. 넷째, 힘보다 기술로 쳐야 한다. 힘으로 치며 실수를 남발하는 것보다, 상대의 비어있는 공간에 정확히 볼을 보내는 것이 더 효과적이다. 다섯째, 어떤 상황에서도 침착해야 한다. 좋은 기회에서 흥분하거나 다급한 상황에서 당황하여 실수하는 경우가 많다. 침착해야 좋은 결과를 기대할 수 있다. 여섯째, 운동을 시작하기 전후로 몸을 풀어야 한다. 운동 전에 몸을 예열시키는 준비과정과 운동 후에 긴장된 근육을 풀어주는 과정이 필요하다. 일곱째, 고통은 순간이다. 운동하면 숨이 턱까지 차오르는 때가 있지만 그 순간만 인내하며 넘기면 곧 평상시 상태로 돌아온다. 여덟째, 배우는 사람에게는 승부 자체보다 최선을 다하고, 실력을 향상하는 과정이 더 중요하다. 끝으로, 운동하면서 땀 흘리며 뛸 수 있다는 사실에 하나님께 감사해야 한다.

집중력을 유지하라. 유연하라. 약점을 보강하라, 힘보다 실력으로 승부하라. 어떤 상황에서도 당황하지 말고 침착하라. 사전 준비와 사후관리를 하라, 고통은 순간임을 기억하며 인내하라, 매사에 최선을 다하고 결과보다 과정을 중시하라. 범사에 하나님께 감사하라.

테니스를 통해 인생에 필요한 교훈을 얻는다.

하나님의 일은 신비롭기 짝이 없다.
능력 있는 선교사가 오랜 기간 열심히 사역해도 열매가 없고,
여러모로 부족한 선교사가 사역하는데 열매가 나타나기 때문이다.
선교사들이 힘쓰고 애써 일할지라도
선교의 열매는 오직 하나님께 달려있다.

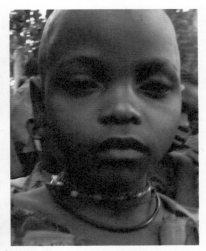

한국순회공연

목회자세미나
강사 선물

기도모임

피그마족 교회

# 5부

# 만민에게 복음을
# 전파하라

또 이르시되 너희는 온 천하에 다니며
만민에게 복음을 전파하라 (마가복음16:15)

# 몬트리올 선교대회

불어권 아프리카에는 선교사가 매우 적다. 전체 한인 선교사 가운데 아프리카에서 사역하는 선교사는 7%이고, 불어권 아프리카에서 사역하는 선교사는 0.8%에 불과하다. 불어권 아프리카 23개국 한인 선교사를 다 합쳐도 300명이 넘지 않는다. 한인 선교사가 한 명도 없는 나라도 여럿이다.

소수의 선교사가 광대한 아프리카대륙에 퍼져서 사역하다 보니 평생 서로 한 번 만나기도 힘들다. 선교사가 많은 영어권 아프리카에서는 매년 여러 차례 선교대회가 열려 선교사들이 재충전 받고 회복되며 선교사 간의 교제가 활발하게 이루어지고 있다. 그러나 불어권 아프리카에는 선교사 숫자가 적고 멀리 흩어져있어 선교대회가 열리지 못한다. 그러던 중 프랑스 파리에서 불어권 선교대회가 열렸으나 아쉽게도 한 번으로 끝나고 말았다.

캐나다에 있는 호산나교회가 이 소식을 듣고 몬트리올에서 ' 불어권 아프리카 선교대회'를 개최하자는 제안을 해왔다. 불어 사용지역인 몬트리올에 있는 13개 한인교회가 하나 되어 불어권 선교대회를 개최하기로 뜻을 모았다고 한다. 그렇게 해서 몬트리올에서 불어권 아프리카 선교대회가 시작되었다.

격년 가을마다 캐나다의 단풍이 한창일 때 불어권 아프리카 전체 선교사의 절반이 넘는 150여 명이 몬트리올에 모인다. 같은 아프리카에서 사역하지만 대부분 처음 보는 얼굴이다. 불어권 아프리카 선교사 대부분이 자신이 사역하는 나라를 벗어나 다른 나라를 방문할 기회가 거의 없다. 그런데 몬트리올에서 열리는 선교대회 덕분에 많은 선교사를 한자리에서 만나는 기회가 마련된 것이다.

나는 몬트리올 선교대회에서 50년 만에 북부 아프리카에서 선교하고 있는 교회 고등부 후배 부부를 만나는 기쁨을 누렸다. 선교사들은 항공료 일부를 지원받고, 한인 교인의 집에서 민박하며 사랑의 섬김을 받는다. 우리 일행은 한인 권사의 호텔 같은 저택에 머물며 랍스타를 비롯한 최고의 요리를 맛보고, 새벽부터 늦은 밤까지 그 부부의 픽업 서비스를 받으며 행복한 나날을 보냈다. 대회를 마친 후에는 말로만 듣던 나이아가라 폭포와 바다에서 뛰노는 고래관광까지 제공해주었다.

불어권 아프리카 선교사들에게 몬트리올선교대회는 사막의 생수와 같다. 실제로 사방에 널린 게 사막인 선교지에서 사막의 열기와 모래바람과 싸우며 힘겨운 나날을 보내다가 환경이 전혀 다른 캐나다에 가는 것 자체가 힐링이 된다. 시간마다 좋은 강사들을 통해 은혜를 받고, 성도의 집에 머물며 정성을 다한 섬김을 받으며, 불붙는 단풍과 나이아가라 폭포를 보노라면 천국에 온 것 같은 기분이 든다. 그래서 불어권 아프리카 선교사들은 몬트리올 선교대회를 손꼽아 기다린다.

몬트리올대회의 산파 역할을 한 호산나교회 허 목사와 김 장로의 헌신에 감사드린다. 그리고 불어권 아프리카 선교사들을 위한 대회를 마련하고 정성을 다해 섬겨주는 몬트리올 한인교회 협의회와 성도들에게 선교사들의 마음을 담아 깊은 감사를 드린다.

# 나는 선교사다!

몬트리올선교대회에서 전주안디옥교회 이동휘 목사님의 강의는 모든 선교사와 몬트리올 한인교회 교인들에게 큰 감동을 주었다. 이 목사는 "오직 성령이 너희에게 임하시면 너희가 권능을 받고 예루살렘과 온 유대와 사마리아와 땅끝까지 이르러 내 증인이 되리라 하시니라"(사도행전1:8)는 말씀을 전하며 모든 크리스천은 성령 받는 순간 선교사 자격증을 받는다고 하였다. 그리고 모든 크리스천 안에 거하는 성령은 베드로와 바울에게 임한 성령과 동일한 성령이라고 하였다. 따라서 모든 크리스천은 주의 지상명령에 순종하여 선교사의 삶을 살아야 한다고 강조하였다.

그는 여러 종류의 선교사에 대해 구체적으로 설명해주었다. 우리가 흔히 생각하는 선교사는 해외에 단기 혹은 장기로, 목사 또는 전문인으로 나가 선교하는 해외선교사다. 그러나 해외로 나가는 선교사만 선교사가 아니다. 자녀 또는 제자들을 주께 바치는 부모 선교사가 있다. 기도로 선교를 지원하는 기도 선교사가 있다. 물질로 선교를 후원하는 물질 선교사도 있다. 직장에서 선교하는 직장 선교사가 있다. 가족을 구원하는 가족 선교사가 있다. 문화와 예술과 인터넷을 통해 선교하는 문화 선교사가 있다. 여행과 시장과 상점에서 선교하는 길거리 선교사도 있다. 한마디로 모든 크리스천은 성령을 받았으니 자신이 있는 현장에서 주님의 명령에 순종하여 선교사의 삶을 살아야 한다. 강의 중에 모든 청중은 손을 들어 주먹을 불끈 쥐고 여러 차례 "나는 선교사다,"라고 소리 높여 외쳤다. 그리고 주위 사람들에게 "선교사님 안녕하세요. 저는 아무개 선교사입니다."라고 서로 인사를 하였다.

우리 모두 주먹을 쥐고 외쳐보자. "나는 선교사다!"

## 선교사님 사랑합니다

80년대 초 처음 선교사로 나갈 때는 선교사들이 희소해서 성도들의 뜨거운 사랑과 존경을 받았다. 내가 선교사로 파송될 때는 올림픽에서 메달을 받고 귀국한 선수들에게 걸어주는 대형 화환을 공항 출국장에서 목에 걸어주고, 한복을 곱게 차려입은 여전도 회원들이 뜨겁게 환송해 주어 주위의 이목을 끌었다. 당시 교회는 선교사를 마치 천사 대하듯 하였다. 그러나 날이 갈수록 선교사 수가 많아지고 일부 선교사들이 문제를 일으키자 선교사를 대하는 교회의 태도가 차가워지기 시작하였다.

김 선교사가 비가 주룩주룩 내리는 날 중학생 아들을 데리고 지방에 있는 교회에 후원을 요청하러 갔다가 담임목사에게 냉대를 당하고 돌아온 얘기를 듣고 분통을 터트린 일이 있다. 부하직원에게 자비를 베푸는 상사인 것처럼 선교사를 대하는 목사를 어떻게 이해해야 하나.

"선교사님 한 분 한 분을 사랑하고 축복합니다." 남구로 시장 안에 있는 강충희 치과에 게시된 글이다. 그곳에 처음 갔을 때 이 글에 담긴 진심이 느껴져 가슴이 뭉클하였다. 강충희 치과에서는 선교사들을 무료로 진료해 주어 그곳에 갈 때마다 여러 선교사를 만날 수 있었다. 직원들은 매우 친절하게 선교사를 대해 주었고, 클리닉 곳곳에는 선교사들이 감사의 선물로 가져온 여러 나라의 기념품이 전시되어 있다. 치아에 문제가 생길 때마다 부담 없이 이 치과에 가서 진료를 받는다.

어느 날 멀쩡하던 어금니가 흔들리기 시작하였다. 치아 수명이 다 된 것이다. 그 순간 카메룬에 있는 20년 넘은 자동차가 여기저기 돌아가며 끊임없이 고장 나서 수리하기에 바쁜 생각이 났다. 정비공은 자동차부속이 망가지기 시작하면 수명이 다 된 것이고 계속 돌아가며 다른 고장이 나기에 차라리 빨리 처분하는 것이 낫다는 조언을 주었다. 자동차도 수명이 되니 부속이 계속 고장 나는데 어금니가 60여 년 동안 각종 음식을 씹었으니 수명이 다 될 만도 하다는 생각에 잠시 우울한 생각이 들었다. 첫 치아가 흔들린 것처럼 다른 치아도 앞으로 하나둘 흔들리겠고, 나의 삶도 그렇게 조금씩 흔들리며 끝나 가겠구나. 하지만 노년에 중요한 치아를 돌봐줄 치과가 있다는 사실에 마음에 위로가 되었다.

일산의 정형외과 양 장로님도 몸에 이상이 있을 때마다 치료해 주고 기도하며 후원하신다. 선교사를 사랑해 주는 모든 분에게 진심으로 감사드린다. 그리고 주께서 그들의 가정과 하는 일마다 넘치게 축복하시기를 두 손 모아 기도드린다.

# 순회공연

선교에 필요한 재정을 마련하는 것은 선교사들의 공통된 고민이다. 5만 번의 기도 응답 주인공 조지 뮬러처럼 아무 사람이나 단체에도 후원을 요청하지 않고 오직 하나님께만 구해서 재정을 충당할 수 있다면 가장 이상적이다. 하지만 나처럼 성격이 급하고 기도가 부족한 선교사는 기도만 하며 오랜 기간 기다릴 수 없다. 많은 재정이 요구되는 프로젝트를 진행하기 위해 중창단을 조직하여 전국 교회를 순회하며 아프리카 선교를 홍보하고 모금하는 방안을 추진하기로 하였다. 찬양에 은사가 있는 남녀 청년 일곱 명을 선정하여 석 달 동안 기도하며 영어 불어 현지어 한국어로 찬양을 준비하였다. 한국에 대해 듣기만 하던 카메룬의 젊은이들은 한국 각지를 방문하여 공연하는 일에 들떠 온종일 찬양 연습에 몰두하였다.

석 달 동안의 준비를 마치고 카메룬공항에서 탑승 준비를 하는데 프랑스에서 항공기를 갈아탈 뿐인데도 아프리카인에게 프랑스 통과 비자를 요구하여 애를 먹었다. 우여곡절 끝에 통과 비자를 받고 다음 날 카메룬을 떠날 수 있었다. 비행기를 처음 타보는 일행은 신이 나서 사진찍기에 바빴다. 한국에 도착하여 교회에서 마련한 숙소에 짐을 풀고 이튿날 CD 음반제작을 하는데 긴 여행에 피곤하고 시차도 있어서 음이 제대로 나오지 않았지만 아쉬운 대로 녹음을 마쳤다.

여러 교회에 연락해서 공연 일정을 잡고, 숙식을 알아보고, 매일 기도회를 하고, 봉고차를 운전하고, 아픈 단원은 병원에 데려가고, 공연이 없는 날에는 찬양 연습하고, 매주 용돈을 주는 등 혼자 모든 역할을 담당하려니 한 주가 눈코 뜰 새 없이 지나갔다. 한국에 도착한 지 몇 주간은 피로와 시차가 겹쳐 찬양할 때 목소리가 제대로 나오지 않았으나 날이 갈수록 찬양이 좋아졌다.

방문한 교회들의 반응은 폭발적이었다. 아프리카의 화려한 원색복장을 입고 전통악기와 기타를 연주하며 아프리카인 특유의 음색으로 찬양을 하니 청중들은 감동의 도가니에 빠져들었다. 한 번 공연으로 만족하지 못해 두 번 공연한 교회, 헌금을 두 번 한 교회, 차량에 있는 CD 전부를 구매한 교회, 일행을 호텔로 초청하여 뷔페를 대접한 교회 등 방문한 교회들은 뜨겁게 반응하였다.

헌금시간에 미처 준비하지 못한 교인들은 그 자리에서 결혼반지 목걸이 등을 바쳤다. 감동하여 눈물을 흘리는 분들도 꽤 있었다. 한 번은 연세든 권사님이 우시기에 이유를 여쭈었더니 대답이 예상 밖이었다. "선교사님, 까만 아이들이 한국어로 찬양을 외우느라 얼마나 고생했겠어요." 부산에 갔을 때 교회 화장실에서 나오던 자매가 우리 여고생 단원을 보고 놀라 비명을 지르는 바람에 카메룬 자매가 상처를 받아 "목사님, 왜 한국 자매가 나를 보고 놀라지요. 내가 귀신이라도 된 것처럼..."이라며 상처받은 일도 있었다.

일정은 몹시 바쁘게 짜였다. 주일은 오전 오후 밤 세 교회를 방문하고, 수요일은 오전과 밤, 금요일은 기도회, 그리고 주중에도 갈 수 있는 곳은 어디라도 가서 공연하였다. 기독교 학교와 신학교와 기도원과 크리스천 기업들도 방문하였다. 단원들은 상상을 뛰어넘는 빡빡한 일정에 종종 피로를 호소하기도 하였다.

문제는 음식이었다. 뷔페식사에 초대받은 단원들은 아프리카 음식과 비슷해 보이는 몇 가지만 골라 먹었다. 값비싼 식사니 갖가지 다 먹어보라고 권해도 소용이 없었다. 서양 음식이 우리 앞에 아무리 많이 놓여도 밥에 김치찌개가 생각나는 것과 같다. 하루 한 끼 먹던 단원들이 하루 세끼 식사를 하니 소화를 못 시켜 체하는 경우도 종종 있었다. 단원들은 바쁜 일정에 수면이 부족해서 틈만 나면 구경도 마다하고 잠에 빠져들었다.

관광을 따로 할 시간이 없어 경주, 용인 등 관광지에 있는 교회에서 공연한 후 관광을 하였다. 지친 단원들에게 휴식을 주기 위해 모금과 상관없이 전라도 섬 교회들을 방문하여 해수욕하고 열 명이 잡아야 하는 긴 그물로 고기잡이도 하였다. 나무가 우거진 숲을 보며 자라서 그런지 설악산에 데려가도 흥미가 없어 졸던 단원들이 명동 백화점에 가서는 너무 좋아하며 떠나려 하지 않았고 남대문시장에서는 싼값에 옷가지와 선물을 사느라고 좋아서 어쩔 줄 몰라 하였다.

중창단의 수차례 순회공연을 통해 카메룬의 사역을 초교파적으로 한국교회에 알리고 기도후원자를 모을 수 있었다. 그리고 모금한 돈으로 야운데 선교센터, 비전 의과대학, 신학교 기숙사와 도서 구입 등 대규모 프로젝트에 필요한 재정을 충당할 수 있었다. 협력해준 교회들과 교인들에게 감사드린다.


# AWMJ


신화석 목사는 아프리카 케냐에서 "세계 모든 나라에 가서 복음을 전하라"는 주의 음성을 귀로 듣고 세계 247개 나라에 가서 복음을 전하는 비전을 갖게 되었다. 그래서 AWMJ(Antioch World Missionary Journey) 선교회를 만들고 2020년까지 186개국에 가서 복음을 전했다.

AWMJ는 현지인 전문가로부터 그 나라에 대해 배우며, 선교 정보를 수집하고, 교계 지도자에게 한국교회의 경험을 나누고 말씀으로 도전하며, 목회자에게 예수의 사역을 가르치고, 그 나라에서 사역하는 한인 선교사들을 격려하는 사역을 한다.

신 목사를 카메룬에서 처음 만나 AWMJ에 관해 들었을 때 쉽게 공감이 가지 않았다. 선교사가 한 나라에서 평생을 사역해도 열매 맺기가 쉽지 않은데 며칠간 방문해서 어떤 결과를 기대하는 것은 무리라는 생각 때문이었다. 불어권 아프리카에서 언어 문제로 어려움을 겪던 신 목사님이 도움을 요청하셔서 마지못해 AWMJ 사역을 시작하게 되었다.

신 목사님에 대한 선입견은 첫 번째 나라인 코트디부아르에서 바뀌었다. 코트디부아르 최대 교단인 하나님의 성회 총회장이 목사님의 강의에 감동하여 집회 후에 의자를 가져와 앉더니 목사님께 안수기도를 요청하였다. 최대교단 총회장이 처음 만난 동양인 목사에게 안수기도를 요청하는 모습에 충격을 받았다. 그는 "목사님, 코트디부아르에 와서 사역해 주세요. 우리나라 목사들과 교회들을 살려주세요."라고 간청하였다. 언어 때문에 어렵다는 신 목사의 답변에, 그는 "언어는 문제가 되지 않습니다. 제가 한국에 청년을 보내 한국어를 공부하여 통역하게 하겠습니다."고 매우 적극적으로 요청하였다. 한 시간 강의에 이런 도전을 받다니. 평생 해도 안 될 일이 하나님의 은혜로 한 시간 만에 일어나는 것을 목격하고 AWMJ 사역에 열심을 내게 되었다.

부르키나파소에서 AWMJ사역을 마치고 출국 수속을 끝내고 대기실에서 기다리고 있는데 경찰이 찾아와 우리를 만나러 온 사람들이 밖에 있다고 알려주었다. 안내를 받아 밖으로 나가니 부르키나파소 교회협의회 회장과 총무가 기다리고 있었다.

회장인 앙리목사가 고백했다. "제가 어제 신 목사님 강의에 도전을 받아 어제 성경 12장, 오늘 10장을 읽었습니다. 부끄럽게도 회장인 제가 아직 성경을 일독하지 못했습니다. 저부터 성경 일독을 한 후에, 부르키나파소 교단 총회장들을 초청하여 성경을 사서 선물하고 회장인 내가 성경 일독을 했으니, 여러분도 성경 일독을 하라고 권하겠습니다.

총회장들은 성경 일독 후에 자기 교단 목사들에게 성경 일독을 권하고, 목회자들은 성경 일독 후에 교인들에게 성경 일독을 권해서 부르키나파소 교회들이 변화되도록 하겠습니다. 그리고 이제부터 신학교 입학 자격을 성경 일독한 자로 하겠습니다."

세네갈 교회협의회 회장 가브리엘 목사는 "지금까지 우리가 사역을 잘해오고 있는 것으로 생각했는데, 이번 세미나를 통해 신 목사님 강의를 듣고 우리가 많이 부족한 것을 깨닫고 회개합니다"라며 목사들 앞에서 공개적으로 회개를 하였다.

불어권 아프리카 몇 나라만 도우려고 시작했는데 어느덧 30개 가까운 나라에 가서 AWMJ 사역을 하게 되었다. AWMJ 사역을 통해 전 세계 모든 나라에 복음이 전해지기를 소망한다.

또 이르시되 너희는 온 천하에 다니며 만민에게 복음을 전파하라 (마가복음16:15)

## 묘비명

신화석 목사는 매일 새벽 두 시에 일어나 성경을 40장 이상 읽고 기도하며 복음을 전할 때는 선지자의 심정으로 담대히 말씀을 전한다. 지병이 있어 음식을 조심스럽게 조절하며, 말라리

아로 사경을 헤매고, 과로로 눈에서 피가 나와 일정을 중단하고 귀국하는 일도 있었으나 어차피 언젠가 어디서든 죽을 거 복음을 전하다 죽으면 영광이라며 유언장을 써놓고 복음을 전한다. 그는 묘비에 "영원한 전도자"로 기록되기 원한다.

양화진 묘지에서 20대 젊은 나이에 한국에서 아내와 어린 자녀를 잃은 선교사의 묘비에 "나는 다시 태어나도 한국에 선교사로 오겠다"고 새긴 글을 보고 눈물이 글썽한 적이 있다. 나의 묘비에 평생의 삶을 어떤 한 마디로 기록할까? "말씀 사역에 전념한 선교사"로 기억되기 원한다면 너무 큰 욕심일까?

## 타일 무덤

카메룬 동부 밀림 지역에 가면 사방천지가 황토와 나무뿐이다. 원목을 운반하기 위해 밀림 나무숲을 불도저로 밀어 길을 냈으니 도로는 황톳길이고 도로 양편은 하늘 높이 치솟은 나무숲이다. 큰 나뭇가지로 황토집의 뼈대를 세우고, 작은 나뭇가지로 바둑판처럼 엮어 그 틈을 황토로 채워 벽을 만든다. 도로도 황토, 집도 황토 그리고 주위는 온통 녹색 숲으로 둘러싸인 밀림 지역에 집마다 앞마당에 흰 타일로 장식한 자그마한 건조물이 있어 유독 눈에 들어온다.

평생 황토 집에서 황토 먼지를 마시며 사는 이들의 소원은 한번이라도 타일로 지은 깨끗한 집에서 살아보는 것이다. 그래서 이들이 죽으면 온 가족이 돈을 모아서 무덤을 타일로 입혀준다. 슬프게도 이들의 소원은 죽어서야 이루어지는 것이다.

아프리카인들에게 죽음은 삶의 일부다. 이들은 날마다 사랑하는 사람의 죽음을 보면서 죽음에 친숙하다. 죽음은 이들에게 삶이요 친구다. 그래서 가족이 죽으면 먼 곳에 묻지 않는다. 시신을 앞마당에 묻고 나가며 들어오며 죽은 자를 만나며 가까이 지낸다. 아이들은 할아버지 할머니의 타일 무덤 위에 앉아서 놀고, 타일 무덤 위에 옷을 말리기도 한다.

프랑수아가 28세에 병으로 죽었다. 장례예배를 인도하러 그의 집에 간 나는 시신을 매장하려는 순간 깜짝 놀랐다. 그가 살던 방바닥 밑을 파내어 그곳에 앙리의 시신을 매장하려고 했기

때문이었다. 죽은 아들과 함께 살려는 부모와 형제자매의 마음
이 그대로 느껴져 마음이 찡하였다.

　아프리카인들에게 죽음은 두려운 것이 아니고, 무덤은 귀신
이 나타나는 공포의 장소가 아니다. 사람은 어차피 죽는 것인데
장례식에서 춤추고 노래하며 죽음을 받아들이는 아프리카의
문화를 우리도 이해할 필요가 있지 않을까.

## 자살

　캐나다인 제빵사 써모셋은 빵을 사러 온 처녀 헤니에게 추파
를 던지다가 따귀를 얻어맞았다. 집에 돌아간 헤니는 홧김에 따
귀를 때린 행동은 너무 심했다는 생각이 들어 사과하기 위하여
써모셋을 찾아갔다. 영화처럼 시작된 그들의 만남은 결혼으로
이어졌고, 부부는 카메룬에 선교사로 오게 되었다.
　우리는 순박하고 김치를 좋아하는 써모셋 부부와 친하게 지

냈다. 이 부부에게는 큰아들 앙드레아, 쌍둥이 아들 나단과 스테판 그리고 막내딸 쏘냐가 있었다. 앙드레아는 캐나다에 혼자 있고, 나머지 세 자녀는 카메룬에서 부모와 함께 지냈다.

어느 날 써모셋 부부가 큰아들 앙드레아의 자살 소식을 전하며 장례식 설교를 부탁하였다. 충격적인 소식에 놀란 나에게 고민이 시작되었다. 자살은 죄악이고 자살하면 천국에 가지 못한다고 생각했는데 장례식 설교를 하려니 보통 고민이 아니었다.
정말 자살하면 천국에 가지 못하나 하는 근본적인 질문이 생겼다. 하나님이 주신 생명을 스스로 끊는 것이 바람직하지 못한 행동임은 분명하다. 그러나 자살하면 모두 지옥에 가는가 하는 질문이 심각하게 다가왔다. 카메룬에서 사역하는 최대선교단체인 SIL(국제언어선교회) 소속 백여 명의 선교사 앞에서 동료선교사 아들의 자살에 관하여 어떤 설교를 할까 생각하니 머리가 지끈거렸다.

써모셋 부부와 대화하면서 큰아들에 관한 질문을 던졌다. 그가 정말 거듭났는지에 대한 질문에 부부는 조금도 망설이지 않고 아들은 분명히 거듭났다고 확신하였다. 그러면 자살한 이유가 무엇인지 물어보니 앙드레아가 동생들에게 남긴 다음과 같은 유서 내용을 알려주었다.

"나는 카메룬을 사랑해서 카메룬에서 SIL 선교사로 일하기 원했다. 그런데 SIL이 선교사 자격으로 학사학위를 요구하기에 캐나다에 갔으나 대학에 들어가지 못했다. 나같이 무능한 자는 하나님의 일을 할 자격이 없다. 너희는 공부 열심히 해서 꼭 SIL 선교사가 되어라."

유서의 내용을 듣자 설교의 줄기가 잡혔다.

첫째, 앙드레아는 예수를 믿음으로 거듭난 하나님의 자녀다. 하나님의 자녀를 고발하거나 정죄할 자는 없다,

누가 능히 하나님께서 택하신 자들을 고발하리요
의롭다 하신 이는 하나님이시니 누가 정죄하리요
죽으실 뿐 아니라 다시 살아나신 이는 그리스도 예수시니
그는 하나님 우편에 계신 자요
우리를 위하여 간구하시는 자시니라 (로마서 8:33-34)

둘째, 하나님의 자녀는 순간적인 잘못된 판단으로 하나님의 사랑에서 끊어지지 않는다.

내가 확신하노니 사망이나 생명이나 천사들이나 권세자들이나
현재 일이나 장래 일이나 능력이나 높음이나 깊음이나
다른 어떤 피조물이라도 우리를 우리 주 그리스도 예수 안에 있는
하나님의 사랑에서 끊을 수 없으리라 (로마서8:38-39)

셋째, 하나님의 자녀는 어떤 상황에서도 낙심치 말고 믿음으로 승리해야 한다.

그러나 이 모든 일에 우리를 사랑하시는 이로 말미암아
우리가 넉넉히 이기느니라 (로마서8:37)

# 응귀

아프리카에서는 어떤 음식을 먹느냐는 질문을 종종 받는다. 주식은 쌀과 빵 그리고 식물 뿌리인 고구마 감자 이냠과 마뇩이 있고, 옥수수나 마뇩 가루를 빻아서 찐빵 크기로 쪄낸 꾸스꾸스가 있다. 인돌레는 나뭇잎을 갈아서 만든 약간 쓴맛이 나는 카메룬의 대표적 음식이다. 닭, 돼지, 염소, 생선 등의 튀김 요리도 많이 먹는다. 음식은 주로 소스를 뿌려 먹는다. 땅콩, 해바라

기 씨앗, 토마토 등을 갈아 만든 여러 소스가 있는데 소고기나 생선에 얹어 먹는 토마토소스는 내가 가장 좋아하는 음식이다.

교인 집에 초대받아갈 때 정성껏 준비한 음식을 맛있게 먹는 것이 목사로서의 예의여서 웬만한 음식은 다 먹는데 한 가지 먹기 힘든 음식이 응뀌다. 교인이 음식을 내오기 전에 응뀌를 준비하는 과정에 관해 자세히 설명하였다. "응뀌는 30여 가지 재료를 갈아 사흘간 준비하는 최고의 보양식입니다. 산모나 환자가 응뀌를 먹으면 회복이 빠릅니다. 우리 목사님을 위해 사흘간 정성을 쏟아 응뀌를 만들었습니다." 설명을 마친 후 드디어 응뀌가 나왔다. 응뀌가 담긴 그릇의 뚜껑을 여는데 이게 웬걸 가래침 같은 누런 액체가 담겨 있었다. 응뀌를 어떻게 먹는지 설명이 이어졌다. "응뀌는 흘러내리기 때문에 스푼으로 먹을 수 없고 손으로 먹습니다. 응뀌를 손에 담아 흘러내리기 전에 재빨리 입에 넣어야 합니다".

응뀌를 먹으려니 생각이 어지러웠다. 어떻게 응뀌를 먹어야 하나. 그때 "무슨 독을 마실지라도 해를 받지 아니하며"라는 성경 말씀이 떠올랐다. "그래 눈 딱 감고 먹자. 독도 마시는데 가래침도 먹을 수 있지." 응뀌를 먹는 순간 느끼한 액체가 목을 타고 내려가는데 속에서 넘어오려고 했다.

내가 먹는 모습을 보며 환하게 웃으며 좋아하는 교인을 보고 한 번만 먹을 수 없어 두세 번 빠르고 박력 있게 먹으니 교인이 너무 좋아하며 "어머, 우리 목사님. 응꿔 매우 좋아하시네요. 한 그릇 더 가져올게요"하기에 기겁해서 "아닙니다. 충분합니다. 아주 잘 먹었습니다. 이처럼 맛있는 음식을 해주셔서 감사합니다."하고 위기를 모면하였다.

아프리카에서는 숲이나 강에서 잡은 원숭이, 사슴, 토끼, 악어, 물고기, 들쥐 등을 길에서 판다. 코트디부아르에서 함께 길을 가던 레오뽈이 들쥐를 샀다. 들쥐 일가 다섯 마리는 몽둥이에 맞아 잡혔는지 몸에 피가 많이 묻어있었다. 아프리카인들은 들쥐 요리를 좋아한다. 들쥐를 산 레오뽈은 기분이 좋아서 들쥐에 생선을 섞어 요리하면 맛이 죽여준다며 엄지손가락을 치켜세웠다. 그는 나에게 자기 집에 가서 들쥐 요리를 해 먹자고 초대하였고, 나는 약속이 있다며 식사 초대를 정중히 사양하였다.

원숭이 요리를 좋아하지 않고, 들쥐 요리를 못 먹는 것을 보면 나는 훌륭한 아프리카 선교사는 아니다.

# 거짓말

아프리카에서 현지인의 거짓말에 실망하는 경우가 종종 있다. 여러 사람에게 여러 번 속으면 그들이 몹시 싫어지고 미워지게 된다. 그러나 우리는 현지인을 탓하기 전에 아프리카의 서글픈 역사를 이해할 필요가 있다. 아프리카가 식민통치를 받던 시절에 흑인 노예들은 사람 취급을 받지 못했다. 흑인들은 사고파는 상품에 불과했다. 게으름이나 잘못한 일로 인하여 혹독한 징벌을 받고, 심지어 죽이기도 하였다. 그들은 잘못을 정직하게 시인하면 심한 징벌을 당하기에 거짓말로 자신을 변호할 수밖에 없었다. 그래서 거짓말이 이들의 습관이 된 것이다.

아프리카인은 예의상 남이 원하는 대답을 한다. 교회에 오라고 초청하면 모두가 꼭 오겠다고 대답하지만 실제로 오는 사람은 거의 없다. 말한 사람을 낙심케 하는 것은 예의가 아니라고 생각하기에 상대방이 원하는 답변을 하는 것이다.

거짓말은 상대와의 관계에 따라 달라지기도 한다. 주인과 노예처럼 주종관계나 경제적인 이해가 걸린 관계에서는 종종 거짓말을 한다. 그러나 가족이나 친한 친구 관계에서는 그렇지 않다. 현지인이 종종 거짓말을 한다는 것은 나를 신뢰하지 않는다는 증거일 수도 있다.

선교사들이 자동차 수리를 맡기는 정비소가 있다. A 선교사는 깐깐해서 정비공이 부당하게 비싼 가격 받는 것을 용납하지 못한다. 그는 자동차 부품상에 가서 부품 가격을 확인한 후 정비소에 차를 맡긴다. 그리고 정비공이 바가지를 씌우려 하면 부품 가격을 아는데 왜 거짓말을 하느냐고 호통을 친다. 이런 일이 반복되자 정비소는 결국 A 선교사의 자동차 수리를 거부하였다. 나는 부품 가격을 알지 못하고 알려고 하지도 않는다. 그냥 정비공의 말을 믿고 차를 맡긴다. 가끔 오가다 바나나도 한 개 주고, 사적인 얘기도 하며, 집에 문제가 있으면 작은 도움을 주기도 한다. 정비공과 친분을 쌓으니 그는 간단한 정비는 무료로 해준다.

B 선교사가 다른 도시에서 오던 중 도로에서 자동차가 멈춰섰다. 정비공이 가서 수리하여 자동차 시동이 걸렸다. B 선교사

가 정비공에게 수리비를 주려고 하니 안 받겠다고 하였다. 큰 고장이 나서 부품을 교체한 것이 아니고 전기선이 빠져 연결한 간단한 수리여서 부속이 들어가지 않았다는 것이다. B 선교사는 이런 현지인은 처음 본다며 놀라워했다. 도로에서 차량 시동이 꺼졌으면 큰 고장이라고 거짓말을 해도 속아 넘어 갈텐데 무료라니! 이것이 바로 관계의 중요성을 보여주는 예다. 아프리카인은 긴장 관계에 있는 사람에게는 거짓말을 통해 이득을 취하고 친한 사람은 마음껏 도와주려고 한다. 현지인이 종종 거짓말을 한다면 스스로 자신에게 질문할 필요가 있다. 나는 과연 그의 친구인가?

## 아프리카의 성

세계 247개국 모든 나라에 가서 복음을 전하고, 천국 가는 것이 소원인 신화석 목사는 그린란드를 답사하기 전에 어릴 때 본 영화 이야기를 하였다. "한 선교사가 그린란드에 갔는데, 추장이 귀빈을 위한 특별 요리로 구더기를 대접하니 선교사는 도저히 먹을 수 없어서 사양하였다. 밤이 되자 추장은 자기 아내를 선교사의 이글로 숙소에 들여보내 함께 밤을 지내게 호의를 베풀었으나, 선교사는 그 여자에게 접근하지 않았다. 다음 날 아침에 선교사가 자기 아내와 동침하지 않은 사실을 확인한 추장은 자신의 호의를 두 번이나 거절한 선교사에게 분노해서 그의 머리를 이글로 벽에 부딪혀 죽게 하였다."

그린란드에 가서 국립대학 총장과 한 여자 목사와 함께 대화하는 중에 그 나라의 성문화에 관해 듣게 되었다. 여자 목사가 "우리 삼촌이 뱃사람인데 가는 곳마다 그 지역 여자들에게 씨를 뿌리고 다닌다."라며 전혀 부끄러워하지 않고 오히려 자랑삼아 말하는 것을 보았다. 그래서 "크리스천으로서 어떻게 그렇게 행동할 수 있습니까?"라고 물으니 여자 목사는 "우리나라는 거대한 영토에(그린란드는 한반도 열 배의 크기로 세계 최대 섬이다) 인구가 5만에 불과하여 나라 자체가 소멸될 위기에 처해 있습니다. 그래서 모든 수단을 동원해서 아이를 많이 낳아야 합니다. 이런 상황에서 오래전 이스라엘 백성에게 주어진 성경을 그대로 적용할 수 없습니다. 오늘날 각 지역의 상황과 문화를 이해해야 합니다."라며 자기 삼촌을 옹호하였다. 역시 루터교 목사인 총장도 고개를 끄덕이며 그녀의 말에 동의하는 것을 보고 큰 충격을 받았다.

아프리카의 성문화도 그린란드와 크게 다르지 않다. 부족 간의 전쟁이 끊이지 않아 많은 남자가 죽어가고 부족이 소멸될 위기에 처하자 여자들은 본능적으로 종족의 생존을 위해 수단과 방법을 가리지 않고 아이를 많이 낳으려고 하였다. 아프리카에서는 자녀가 많은 것은 축복이고, 자녀가 없는 것은 저주요 수치스러운 일이라고 생각한다.

십 대 소녀가 아이를 낳았는데, 그녀의 엄마가 "목사님, 내 딸이 아이를 낳았는데 이 기쁜 소식을 주일예배 때 광고해 주세요."라며 떼를 썼다. 미성년자가 결혼하지 않고 애를 낳으면, 교회에 덕이 안 되고 부끄러운 일이라고 권면했으나, 그녀는 이 좋은 소식을 광고해 주지 않는 나를 이해하지 못하고 속상해하였다.

어느 날 신학생 옥스가 찾아와 "신학교 식당 요리사인 마델렌과 결혼하고 싶다"며 내 의견을 물었다. 마렐렌은 나이가 열 살이나 많고, 자녀가 셋인데 큰 애는 대학생이었다. 그래서 "옥스, 마델렌은 연상이고, 자녀도 많은데 젊고 똑똑한 네가 왜 나이 차가 많이 나는 여자와 결혼하려고 하니. 젊은 자매와 결혼하는 것이 좋지 않겠느냐?"고 조언하니 옥스는 입이 귀에 걸리는 행복한 미소를 지으며 "여러 아이가 나를 아빠로 부르는 것을 상상만 해도 기쁩니다. 수고하지 않고, 여러 자녀를 거저 얻으니 얼마나 복된 일인가요?"하는 것이었다. 그는 마델렌과 결혼하여 가정을 꾸리고, 이웃 나라 콩고에서 목회를 잘하고 있다.

나딘은 빼어난 미모에 똑똑한 자매다. 그녀가 대학에 들어가자 교회 장로인 엄마가 "너는 대학에 들어가기까지 아직 아이가 없으니 엄마가 속상해 죽겠다. 빨리 애를 낳으라."라고 채근하였다. 언니도 엄마와 합세하여 같은 이유로 동생을 다그쳤다. 크리스천으로서 정식으로 결혼하여 가정을 꾸리고 자녀를 가질 생각을 했던 나딘은 어느 날 엄마가 또 같은 요구를 하자 화가 나서 밤중에 집 밖으로 뛰쳐나갔다. 그리고 길 가던 남자에게 다가가서 아이를 갖고 싶다고 하니 그 남자는 웬 떡이냐며 나딘과 동침하여 아이를 갖게 되었다. 나딘은 그 일을 두고두고 후회하면서, "내가 그날 밤 너무 화가 나서 이성을 잃고 그 남자와 잤지만, 그런 유형의 남자는 내 입에 올리기도 싫고, 내 아이의 아빠라는 사실도 부끄러운 형편없는 남자"라며 탄식하였다.

아프리카 교회가 동성애를 포함한 세상의 성 문화에 맥없이 무너져가고 있다. 아프리카 교회가 살려면 세상의 성문화와 피 흘리기까지 싸워야 할 것이다.

음행을 피하라 사람이 범하는 죄마다 몸 밖에 있거니와
음행하는 자는 자기 몸에 죄를 범하느니라.
너희 몸은 너희가 하나님께로부터 받은 바
너희 가운데 계신 성령의 전인 줄을 알지 못하느냐
너희는 너희 자신의 것이 아니라 값으로 산 것이 되었으니
그런즉 너희 몸으로 하나님께 영광을 돌리라
(고린도전서6:18-20)

# 아프리칸 타임

아프리카인은 시간관념이 다르다. 아프리카인에게는 현재가 최우선이다. 일례로 월급을 타면 몇 주 만에 다 써버리고 나머지 기간을 고생하며 산다. 한 달 후도 계획하지 않는 그들의 특성 때문이다. 그들에게는 과거가 중요하고, 현재도 중요하지만, 미래에는 큰 관심이 없다. 왜 아프리카인은 미래를 생각하지 않는 것일까? 왜 이들에게는 비전이 없을까? 이러한 질문은 아프리카에서 사역하는 선교사들이 수없이 던지는 질문이다. 아프리카인의 시간에 대한 개념은 주로 현재와 과거에 집중되어 있으며, 미래에 대한 개념은 미약하며 소극적이다. 케냐의 음비티 박사는 "아프리카인에게는 미래 개념이 없고 미래는 중요하지도 않다. 아프리카인이 생각할 수 있는 미래는 6개월이고, 최대로 2년을 넘지 못한다,"라고 하였다. 미래 의식의 결여는 앞날을 계획하고, 비전을 갖고, 인내로 그 비전을 이루어 나가는데 치명적인 약점을 노출한다.

반면에 아프리칸 타임에 익숙해지면 편리한 점도 있다. 아프리카에서 약속할 때 종종 특정한 시간을 정하지 않고 "화요일 오전에 만나자."라는 식으로 약속한다. 오전 9시-12 사이 아무 때나 서로 편한 시간에 보자는 것이다. 만일 약속한 날 비가 오거나, 차량이 고장 나거나, 갑자기 방문객이 왔거나, 피곤하거나, 다른 이유가 생기면 꼭 가지 않아도 큰 결례가 되지 않는다. 어떤 일이 생겼다는 것으로 다 이해가 되기 때문이다.

문제는 예배시간도 아프리칸 타임으로 생각하는 것이다. 예배에 30분 늦게 오는 것은 보통이고, 심지어 축도할 때 오는 교인도 있다. 이들에게는 시간에 맞춰 예배에 참석하는 것은 그리 중요하지 않다. 예배에 참석했다는 사실 자체가 중요하다. 교회는 교인들이 예배시간에 늦게 오니 어느 정도 온 후에 시작하려고 기다리다가 예배를 늦게 시작한다. 그러다 보니 예배시간이 늘어져 세 시간, 네 시간, 심지어 여섯 시간 예배드리는 교회도 있다.

아프리칸 타임과 싸우기로 작정하였다. 예상은 했지만 쉬운 일이 아니었다. 예배를 정시에 시작하려고 하니 시간 전에 온 교인이 거의 없었다. 교인들에게 예배시간의 중요성을 반복하

여 강조하며 가르쳤다. 장관을 만나려면 면담시간 30분 전에
도착하여 대기실에서 기다려야 한다. 대사를 만날 때도 미리 가
서 대기실에서 기다려야 한다. 만나는 사람이 높은 사람일수록
시간 전에 도착해서 대기해야 한다. 만일 지각하면 만나는 사람
을 무시하는 것이다.

　우리 하나님이 장관이나 대사만도 못 하느냐고 물으니 모두
고개를 저으며 아니라고 대답했다. 예배시간에 지각해서 하나
님을 무시하기 원하느냐고 물으니 다시 고개를 저으며 아니라
고 한목소리로 대답했다.


　마침내 실제 행동에 들어가기 시작했다. 예배시간이 시작되
면 예배당 일 층 문을 닫았다. 늦게 온 교인들은 힘들게 이층 발
코니로 올라가야 했다. 일 층 문을 닫으니 왜 천국에 들어가는
문을 닫느냐고 성내며 돌아가는 교인도 있었다. 불평하는 교인
들이 있었지만 계속해서 예배당 문을 닫으니 정시에 오는 교인
들이 점차 늘어갔다. 달리는 말에 채찍을 가한다는 말대로 예배
시간 준수에 박차를 가하기 위해 다음 단계를 시작하였다. 예배
시간에 정확히 맞춰오려고 하면 여러 사정으로 제시간에 올 수
없다. 10분 이상 미리 도착하도록 노력해야 지각하는 것을 피

할 수 있다고 광고한 후 예배시간을 정해진 시간보다 10분 일찍 시작하였다.

　토요일에 하던 결혼식을 금요일로 옮겼다. 토요일에 결혼식을 하면 밤늦게까지 피로연을 하느라 피곤해서 주일예배에 안 오거나, 지각하거나 졸기 때문이다. 토요일에 결혼식을 안 하니 그야말로 난리가 났다. 반대가 심했고, 찾아와서 사정 얘기를 하며 애원하는 커플도 있고, 다른 곳에 가서 결혼하는 커플도 있고, 교회를 떠나는 커플도 있었으나 불도저처럼 밀고 나갔다. 그렇게 십 년이 흘러갔다. 지금은 주일예배는 물론이고, 모든 예배를 10분 전에 시작한다. 우리 교회에 더는 아프리칸 타임이 없다.

한마디로 모든 크리스천은 성령을 받았으니
자신이 있는 현장에서 주님의 명령에 순종하여
선교사의 삶을 살아야 한다.
강의 중에 모든 청중은 손을 들어 주먹을 불끈 쥐고
여러 차례 "나는 선교사다,"라고 소리 높여 외쳤다.
우리 모두 주먹을 쥐고 외쳐보자. "나는 선교사다!"

밀림지역 수제 기타

밀림 지역

밀림 지역 아이들

# 6부

# 아프리카여
# 깨어나라

유익한 것은 무엇이든지 공중 앞에서나 각 집에서나 거리낌이 없이
여러분에게 전하여 가르치고 유대인과 헬라인들에게
하나님께 대한 회개와 우리 주 예수 그리스도께 대한
믿음을 증언한 것이라 (사도행전20:20-21)

# 아프리카여 깨어나라

대학에 입학한 나딘에게 가족은 "이제 대학생이 되었으니 학비는 스스로 해결해야 한다,"고 압박했다. 아르바이트를 구할 수 없는 현실에서 여대생이 스스로 학비를 해결하는 방법은 뻔했다. 결국 나딘은 돈 많은 유부남을 스폰서로 삼아 대학을 다녀야 했다. 아프리카의 대학생들은 꿈이 없다. 대학을 나와도 직장이 없고 할 수 있는 일이 없기 때문이다. 똑똑한 백수만큼 힘들고 고달픈 일도 없다.

SAM은 Student Awakening Arise Movement의 이니셜이다. SAM은 아프리카의 대학생을 깨워 아프리카를 변화시킨다는 비전을 품고 2007년부터 동부아프리카 케냐의 카바락 대학교에서 매년 대학생 수백 명을 합숙시키며 집회를 갖는다. 나는 이 모임에 강사의 일원으로 초청받아 참석하였다. 집회는 아프리카 특유의 열정으로 가득했다. 찬양시간에는 앞으로 뛰어나와 펄펄 뛰며 춤추고 다윗처럼 온몸을 드려 찬양했다. 집회 마지막 날에는 "절망의 땅 아프리카를 깨워 소망의 땅으로 만들기 위해 자신의 삶을 드릴 자가 누구인가?"라는 메시지에 이어 대형 천에 그려진 아프리카 지도에 헌신의 표로 자신의 이름을 써넣는 의식이 거행되었다. 참석한 800명의 대학생 중에 제일 먼저 벌떡 일어나 앞으로 나가는 청년이 이목을 끌었다. 그는 바로 아들 관진이었다. 짜~식!

## 아프리카 문화

### 블랙 컴프렉스(Black complex)

아프리카인은 함의 후손으로 저주받은 족속이라는 성경 말씀에 낙담한다. 그들은 식민 지배를 통해 많은 상처를 받았고 전쟁, 기근, 가난, 질병에 시달리고 있다. 아프리카인은 검은 것에 대한 열등감이 있다. 깜가 집사는 흑인은 피도 검다고 탄식한다. 그들은 블랙 리스트, 블랙 머니, 검은 손, 흑심 등 블랙이란 단어가 부정적인 의미로 사용되는 것을 증오한다. 아프리카인은 흑인을 갈색 초코렛색 검은색 세 부류로 분류한다. 그들끼리 검은색 흑인에 관해 말할 때 "그 애 있지 검은 애"라고 말한다. 그들은 검은색이 옅을수록 더 선호한다.

흑인 중에 피부가 흰 흑인이 있다. 그들을 알비노라 부른다. 그들은 피부를 검게 하는 혈소판이 부족해서 흰색 피부를 갖고 있으나 머리털은 흑인의 곱슬머리를 갖고 있다. 알비노를 신에게 바치면 재앙으로부터 보호받는다고 생각하는 사람들이 축제일이 되면 알비노를 잡아 신에게 바치는 의식을 행한다. 그래서 알비노들은 그 시기에 마을을 떠나 도피한다.

하나님 말씀을 통해 흑인들이 블랙 컴프렉스로부터 해방되도록 도와야 한다. 기독교는 서구인의 종교라고 믿는 아프리카인이 많다. 그러나 그것은 사실이 아니다. 흑인은 기독교 초기부터 교회의 지도자로 활약하였다.

안디옥 교회에 선지자들과 교사들이 있으니
곧 바나바와 니게르라 하는 시므온과 구레네 사람 루기오와 분봉 왕 헤롯의 젖동생 마나엔과 및 사울이라 (사도행전13:1)

안디옥 교회 지도자 다섯 명 중에 시므온과 루기오 두 사람이 아프리카인이다. 예수의 십자가를 대신 진 구레네인 시몬도 아프리카인이고, 빌립을 통해 복음을 듣고 세례받은 에디오피아 내시도 아프리카인이다. 기독교는 서구인의 종교요 백인을 위한 종교가 아니다. 기독교는 모든 나라 모든 민족을 위한 종교다.

## 불평등 문화

아프리카는 권위주의가 지배하는 사회다. 직장이나 국가에서 높은 지위를 가진 사람의 권위의식은 대단하다. 그 권위는 자타에 의해 인정된다. 이들은 인간 간 불평등을 당연하며 바람직한 것으로 여기고, 약자는 강자에게 의존해야 한다고 생각한다.

조직 내의 위계는 지위에 따라 존재하며 그것이 불평등을 반영하고, 조직에서 권력집중이 흔하며, 부하직원은 지시에 따라 일하고, 경영자에게 부여되는 지위나 특권은 당연한 것으로 여기며, 이상적인 지도자는 선의의 전제자 또는 엄하고 착한 아버지다.

## 집합주의 문화

아프리카인은 부족의 구성원으로 태어난다. 이들은 각기 전혀 다른 언어와 문화를 가지고 있다. 친족 의식은 전통적인 아프리카 사회에서 가장 강력한 힘을 지니는 것 중의 하나다. 친족 관계는 한 공동체 안에 있는 사람들 간의 사회적 관계를 통제하며, 결혼관습과 규례도 이 친족 관계가 다스린다. 그러므로 인간관계와 관련된 거의 모든 개념은 친족 관계의 체계를 통해 이해되고 해석될 수 있다.

아프리카에는 집합 주의 문화가 지배한다. 이런 사회에서 집합 주의 가족의 필수요소가 되는 집단에 대한 충성심은 자원을 나누어 가져야 함을 의미한다. 확대 가족의 한 구성원이 수입이 있고 나머지 사람들은 그렇지 못하다면, 수입이 있는 구성원이 전 가족을 먹여 살리기 위해 자기 수입을 나머지 식구와 나누어 갖는 것을 당연한 것으로 여긴다.

## 불확실성 수용문화

아프리카인은 불확실한 상황이나 미지의 상황으로 인해 별로 스트레스를 받지 않는다. 이들은 하루를 되는대로 살아가고 낮은 스트레스로 인해 행복지수가 높으며 애매한 상황과 익숙하지 않은 모험에 대해 편하게 느끼고, 꼭 필요한 규칙 이외의 규칙은 둘 필요가 없다고 생각한다. 이들에게 시간은 행동의 방향 제시를 위한 틀이 될 뿐 중요하게 생각되지 않고 게으름을 피워도 편안하게 느끼고 필요한 때만 열심히 일하며 엉뚱하고 혁신적인 생각과 행동에 대해 수용적이다.

## 성과 결혼

아프리카인에게 성은 열려 있고, 공유할 수 있다. 아프리카 사회에서는 아이를 하나의 사회적 존재와 공동체의 일원으로 생각한다. 그 아이를 보호하고 먹이며, 키우고 가르쳐서 보다 넓은 공동체와 결합하게 하는 것은 부모라기보다 공동체 자체인 것이다.

## 시간개념

아프리카인은 미래를 염두에 두고 행동하지 않으며, 단지 과거와 현재 만을 생각한다. 음비티는 이러한 아프리카인의 시간개념을 서구인들이 비판하는 것은 그들의 시간 개념을 이해하지 못하는 무지 때문이라고 지적한다. 서구사회에서 시간은 사용되고, 팔고, 사는 일용품이다. 그러나 아프리카인의 생활에서 시간은 창조되거나 생산된다. 사람은 시간의 종이 아니다. 오히려 사람은 그가 원하는 만큼의 시간을 만든다. 외국인이 아프리카에 와서 아프리카인이 아무 일도 하지 않고 앉아 있는 것을 보고 "이들은 게으르게 앉아 시간을 낭비하고 있다."라고 비판한다. 또 "아프리카인은 언제나 늦는다."라고 비판한다. 그러나 이런 비판은 아프리카인에게 시간이 무엇을 의미하는지 알지 못하는 무지에 근거한 것이다. 앉아 있는 사람은 시간을 낭비하는 것이 아니라 시간을 기다리거나 창조하는 과정에 있는 것이다.

아프리카인은 우리와 전혀 다른 시간 개념을 갖고 있다. 그들에게는 미래 개념도 없고 미래는 중요하지도 않다. 그들에게 생각할 수 있는 미래는 6개월이고, 최대로 2년을 넘지 못한다.

## 관계

아프리카인에게 관계는 무엇보다 우선한다. 아프리카인은 머리보다는 가슴으로 움직인다. 따라서 이들을 움직이기 위해서는 머리보다는 먼저 가슴을 움직여야 한다.

## 종교

아프리카인은 지극히 종교적이다. 어떤 부족에서나 그들의 사고방식, 혹은 생활에 가장 커다란 영향을 발휘하는 것은 종교다. 전통종교는 삶의 구석구석에 스며들어있다. 죽음 후에 삶이 계속되리라는 신앙은 모든 아프리카 사회에서 발견되는 공통적인 현상이다. 그러나 사후의 삶에 대한 신앙이 미래에 대한 희망을 갖게 하지는 않는다. 아프리카인의 종교적 행위와 신앙의 가장 중요한 관심은 지금 이곳에서 사는 삶이다.

아프리카인은 고통이나 질병, 재난이나 사고 등이 모두 신비스럽게 일어난다고 생각한다. 따라서 재난이나 질병과 싸우기 위해서는 그 원인이 밝혀져야 하고, 그래야 그에 대해 대응을 하든지, 그 원인을 근절하든지, 그것을 처벌하든지 할 수 있게 된다. 바로 여기에서 주술사의 존재가 크게 부각된다.


## 선교사는 비전의 사람이다


아프리카인은 미래에 대한 개념이 빈약하다 보니 대부분 앞날에 대한 비전도 없다. 카메룬의 세 교회를 대상으로 설문 조사를 한 결과, 카메룬 사람들 역시 이 문제로 인해 고민하는 것으로 나타났다. 설문 조사에서 응답자 254명의 45%가 카메룬 교회의 가장 심각한 문제로 교회지도자의 비전 결여를 꼽았다. 이 조사 결과는 미래에 대해 비전이 없는 그들 자신의 문제점을 자각하고 있음을 보여준다.

**설문: 카메룬 교회가 건강하지 않은 이유**

| | 부족 간의 감정 | 재정문제 | 비성서적 교리 | 비전 결여 | 목회자의 자질 |
|---|---|---|---|---|---|
| 센터 교회 | 15% | 24% | 32% | 50% | 46% |
| 옴니스포 교회 | 10% | 25% | 35% | 40% | 41% |
| 쏘아 교회 | 22% | 33% | 45% | 45% | 26% |
| 계 | | | | | |

선교사는 리더다. 리더는 비전의 사람이다. 선교사는 현지인들에게 비전을 심어주고, 비전으로 이끌고, 비전을 성취해야 한다. 비전의 사람 느헤미야를 통해 어떻게 비전을 품고 성취하는지를 배우려고 한다.

## 비전

영적 지도자와 보통 사람의 차이는 비전의 차이다. 영적 지도자는 비전을 가진 사람이다.

## 야망과 비전의 차이

### 바벨탑 건설은 사람들의 야망으로부터 시작되었다.

첫째, 야망은 사람에게서 온다. "서로 말하되 자 벽돌을 만들어 견고히 굽자" (창세기11:3) 둘째, 야망은 사람의 이익을 추구한다. "성읍과 탑을 건설하여 그 탑 꼭대기를 하늘에 닿게 하여 우리 이름을 내고 온 지면에 흩어짐을 면하자" (창세기11:4) 셋째, 야망은 사람의 방법을 사용한다.

### 예루살렘 성벽 재건은 느헤미야의 비전으로부터 시작되었다.

첫째, 비전은 하나님에게서 온다. "내가 이 말을 듣고 앉아서 울며 수일 동안 슬퍼하며 하늘의 하나님 앞에 금식하며 기도하여" (느헤미야1:4) 둘째, 비전은 하나님의 이익을 추구한다. "이들은 주께서 일찍이 큰 권능과 강한 손으로 구속하신 주의 종들이요 주의 백성이니이다" (느헤미야1:10) 셋째, 비전은 하나님의 방법을 사용한다. "왕이 내게 이르시되 그러면 네가 무엇을 원하느냐 하시기로 내가 곧 하늘의 하나님께 묵도하고 왕에게 이르되 왕이 만일 좋게 여기시고 종이 왕의 목전에서 은혜를 얻었사오면 나를 유다 땅 나의 조상들의 묘실이 있는 성읍에 보내어 그 성을 건축하게 하옵소서" (느헤미야 2:4-5)

맥스웰(John maxwell)은 비전과 리더에 관해 다음과 같이 말한다. 비전을 보지 못하는 사람 은 '방황하는 자'와 같고, 비전을 보지만, 비전을 추구하지 않는 사람은 상관을 따르는 '병졸'과 같고, 비전을 보고 비전을 추구하는 사람은 '실행자'며, 비전을 보고, 비전을 추구하고, 다른 사람이 비전을 보도록 돕는 사람은 '리더'이다.

## 열정

영적 지도자는 열정을 지닌 사람이다. 느헤미야에게는 열정이 있었다. 그는 하나님의 백성을 위하여 수일 동안 울고 금식하며 기도하였다. 많은 사람과 성벽 건축의 비전을 나누었고, 많은 사람을 설득하여 자발적으로 일하게 하였다. 그는 동틀 때부터 별이 보일 때까지 일했다. 그는 비전을 이루기 위해 유다 땅 총독으로 재직한 12년 동안 총독의 녹을 먹지 않았다.

## 장애물

비전을 성취하는 과정에는 장애물이 있다
첫째, 조롱이 있다.
"암몬 사람 도비야는 곁에 있다가 이르되 그들이 건축하는 돌

성벽은 여우가 올라가도 곧 무너지리라 하더라 (느헤미야4:3)

둘째, 협박이 있다.

"다 함께 꾀하기를 예루살렘으로 가서 치고 그곳을 요란하게 하자 하더라"(느헤미야4:8)

셋째, 절망감이 있다.

"유다 사람들은 이르기를 흙무더기가 아직도 많거늘 짐을 나르는 자의 힘이 다 빠졌으니 우리가 성을 건축하지 못하리라 하더라 (느헤미야4:10)

넷째, 내부분열이 있다.

"우리 육체도 우리 형제의 육체와 같고 우리 자녀도 그들의 자녀와 같거늘 이제 우리 자녀를 종으로 파는도다. 우리 딸 중에 벌써 종된 자가 있고 우리의 밭과 포도원이 이미 남의 것이 되었으나 우리에게는 아무런 힘이 없도다 하더라 (느헤미야5:5)

다섯째, 음모가 있다.

"산발랏과 게셈이 내게 사람을 보내어 이르기를 오라 우리가 오노 평지 한촌에서 서로 만나자 하니 실상은 나를 해하고자 함이었더라" (느헤미야6:2)

장애물을 잘 극복해야 한다.

첫째, 삶의 균형을 유지해야 한다.

"기도하며 파수꾼을 두어 주야로 방비하였다" (느헤미야4:9)

둘째, 용기를 가져야 한다.

"내가 돌아본 후에 일어나서 귀족들과 민장들과 남은 백성에게 말하기를 너희는 그들을 두려워하지 말고 지극히 크시고 두려우신 주를 기억하고 너희 형제와 자녀와 아내와 집을 위하여 싸우라 하였느니라" (느헤미야4:14)

셋째, 신중해야 한다.

"그때로부터 내 수하 사람들의 절반은 일하고 절반은 갑옷을 입고 창과 방패와 활을 가졌고 민장은 유다 온 족속의 뒤에 있었으며 성을 건축하는 자와 짐을 나르는 자는 다 각각 한 손으로 일을 하며 한 손에는 병기를 잡았는데 건축하는 자는 각각 허리에 칼을 차고 건축하며 나팔 부는 자는 내 곁에 섰었느니라" (느헤미야4:16-18)

## 성취

### 성벽공사 완공

느헤미야는 성벽공사를 시작한 지 52일 만에 공사를 마쳤다.

성벽 길이 6km, 높이 15m, 문10개, 망대 4개의 큰 공사를 52일 만에 끝낸 것은 하나님이 주신 비전을 품은 느헤미야의 탁월한 리더십 때문에 가능했다.

### 영적개혁

총독 느헤미야는 영적 지도자인 제사장 에스라와 함께 영적개혁을 하였다.

### 하나님 말씀을 읽고 기도하였다.

한 주간 동안 매일 오전 6시부터 12시까지 함께 말씀을 읽었다. 8일째 되는 날은 오전 6시부터 오후 6시까지 12시간 동안 금식하며 말씀과 기도의 시간을 가졌다. 오전 6시-9시: 말씀, 오전 9시-정오: 기도, 정오-오후 3시: 말씀, 오후 3시-오후 6시: 기도. 그들은 말씀 듣고, 죄를 자복하고, 하나님을 경배하며 하루를 보냈다.

### 읽은 말씀을 행동으로 옮겼다.

총독 느헤미야는 영적 지도자인 제사장 에스라와 함께 영적개혁을 하였다. 이방인들과의 결혼을 금하고, 안식일을 준수하고, 십일조를 드렸다. 그들은 몸을 거룩하게 하고(결혼), 시간(안식일)과 물질(십일조)을 거룩히 구별하여 하나님께 드렸다.

## 비전의 사람(Visionary)

선교사는 리더다. 리더는 비전의 사람이다. 야망이 아닌 비전의 사람이다. 선교사가 비전을 갖고 그 비전을 이루어가는 것을 볼 때 현지인들 역시 비전의 사람이 될 것이다.

"왕이 내게 이르시되 그러면 네가 무엇을 원하느냐 하시기로 내가 곧 하늘의 하나님께 묵도하고 왕에게 아뢰되 왕이 만일 좋게 여기시고 종이 왕의 목전에서 은혜를 얻었사오면 나를 유다 땅 나의 조상들의 묘실이 있는 성읍에 보내어 그 성을 건축하게 하옵소서 하였는데" (느헤미야2:4-5)

"성벽 역사가 오십이 일 만인 엘룰 월 이십오 일에 끝나매 우리의 모든 대적과 주위에 있는 이방 족속들이 이를 듣고 다 두려워하여 크게 낙담하였으니 그들이 우리 하나님께서 이 역사를 이루신 것을 앎이니라" (느헤미야6:15-16)

# 선교사 리더십

선교사는 양 떼를 이끄는 목자로서 리더십을 발휘해야 한다. 선교사에게는 어떤 리더십이 필요한가?

## 비전

선교사가 현지인에게 전수해야 할 궁극적인 비전은 무엇인가? 그것은 당연히 예수께서 제자들에게 마지막으로 당부하신 지상 대 명령의 비전이다. 투라키는 "아프리카에서 사역한 선교사들은 아프리카 교회에 비전, 즉 선교 비전을 전수하는 일에 실패하였다. 이것은 우리의 가장 큰 의문이며, 그것은 아프리카에서의 선교역사에 가장 논란이 되는 것이다.

아프리카 교회의 가장 큰 약점은 이 영역에 있다. 아프리카 교회는 선교 비전이 약하다. 아프리카 교회는 이 측면을 최고의 우선순위로 삼을 필요가 있다."라고 하였다. [1]

## 영성

사람들은 선교사들의 영성이 뛰어난 것으로 생각한다. 그러나 현실은 그와 반대인 경우가 많다. 선교사들은 선교지에서 문화충격에 시달리고, 현지인들이나 다른 선교사들과의 관계에서 어려움을 겪게 되고, 업무에 시달리다 보면 건조해지고 영성이 약해지고 탈진하기도 한다. 현지인들은 선교사가 행정가나 건축가나 재정 후원자나 사회사업가이기보다는, 복음으로 자녀를 낳고 말씀으로 양육하는 영적 아버지이기를 바란다.

## 지성

블란드니에는 "여러 해 동안 새로운 것을 전혀 배우지 않는 선교사를 만나는 것은 비극이다. 좋은 선교사는 언제나 새로운 단어와 구절들을 배운다. 그는 평생 학생이다."라고 하였다. [2] 그는 많은 수의 선교사는 오히려 현지인들에게 부정적인 생각을 가져올 수 있으며, 선교사의 양 보다는 질이 우선되어야 한다고 주장했다.

선교사에게 언어 실력은 무엇보다도 중요하다. 현지인들은 선교사의 언어 실력과 지성을 동일시한다. 선교사가 언어 구사에 서툴러 현지인에게 무시당하는 경우가 흔하다. 그러므로 선교사는 더 나은 언어를 구사하기 위하여 끊임없이 노력해야 한다. 헤셀그레이브는 "성공한 선교사들은 현지 언어를 배웠을

뿐 아니라 그들 중 대다수가 선교지 언어에 능통했다는 것이 명백하다."라고 하였다. 3)

## 관계

리더십은 한마디로 영향력이다. 그리고 영향력은 관계에 의해 좌우된다. 특히 아프리카인에게 있어서 관계는 그 무엇보다 우선한다. 이들은 머리보다는 가슴으로 움직인다.

맥스웰은 "유능한 리더는 구성원들에게 무엇인가를 요구하기 전에 먼저 그들의 마음을 연다. 그것이 '관계의 법칙'이다. 가슴이 머리보다 먼저다." 4)라고 하였고, 스티븐 비코는 "우리 흑인의 세계는 인간 간의 관계를 중시한다. 이 세계는 유아독존의 세계만을 강조하는 백인의 세계와는 질적으로 다르다."라고 하였다. 5)

오늘날 서구선교사들이 아프리카 선교에서 실패하는 요인 중 하나는 지나치게 일에 집착하고 시간과 조직의 중요성을 강조하며 현지인과의 인간관계를 소홀히 했기 때문이다. 아프리카 선교사는 일, 시간, 조직보다 관계가 우선한다는 것을 명심하고 현지인들과 좋은 관계를 유지하는 일에 힘써야 한다.

# 부모 리더십

선교사 바울은 사랑의 엄마와 엄한 아버지의 자세를 겸비한 부모 리더십을 가졌다. 선교사는 바울처럼 균형 잡힌 리더십을 갖는 것이 필요하다.

## 엄마 리더십
### 유순하다

바울은 자녀들에게 권위를 주장하지 않고 유순한 엄마처럼 그들을 대했다.

"우리는 그리스도의 사도로서 마땅히 권위를 주장할 수 있으나 도리어 너희 가운데서 유순한 자가 되어 유모가 자기 자녀를 기름과 같이 하였으니" (데살로니가전서2:7)

### 사랑하다

바울은 자녀들을 사랑했고, 사랑으로 그들을 대했다. 자녀들에게 복음만 전해 준 것이 아니라, 목숨까지도 주기를 기뻐하였다.

"우리가 이같이 너희를 사모하여 하나님의 복음뿐 아니라 우

리의 목숨까지도 너희에게 주기를 기뻐함은 너희가 우리의 사
랑하는 자 됨이라"(데살로니가전서2:8)

### 헌신하다

바울은 자녀들에게 폐를 끼치지 않으려고 주야로 일하며 수
고하였다.

즉, 자녀에게 짐을 지우는 엄마가 아니라 자녀를 위해 헌신하
는 엄마의 역할을 하였다.

"형제들아 우리의 수고와 애쓴 것을 너희가 기억하리니 너희
아무에게도 폐를 끼치지 아니하려고 밤낮으로 일하면서 너희
에게 하나님의 복음을 전하였노라"(데살로니가전서2:9)

"보라 내가 이제 세 번째 너희에게 가기를 준비하였으나 너희
에게 폐를 끼치지 아니하리라 내가 구하는 것은 너희의 재물이
아니요 오직 너희라 어린아이가 부모를 위하여 재물을 저축
하는 것이 아니요 부모가 어린아이를 위하여 하느니라"(고린도
후서12:14)


## 아버지 리더십

"너희도 아는 바와 같이 우리가 너희 각 사람에게 아버지가
자기 자녀에게 하듯 권면하고 위로하고 경계하노니 이는 너희

를 부르사 자기 나라와 영광에 이르게 하시는 하나님께 합당히 행하게 하려 함이라" (데살로니가전서2:11-12)

### 권면하다
바울은 자녀들이 하나님께 합당히 행하도록 하나님 말씀을 가르치는데 전력하였다.

### 위로하다
바울은 자녀들이 상처받고 낙심하면 위로하고 격려하였다.

### 경계하다
바울은 자녀들이 잘못된 길로 가면 그들을 책망하고 바로 잡아서 바른 길로 행하게 하였다.

바울은 자상한 엄마처럼 자녀를 헌신적인 사랑으로 대했으나, 필요한 경우에는 그들이 버릇없이 잘못된 행동을 하지 않도록 엄한 아버지로서 가르치고, 위로하고, 경계하였다. 선교사 바울의 균형 잡힌 리더십이 선교현장에 필요하다.

# 바울의 선교노하우

삼 년 동안 에베소교회에서 행한 사역을 통해 위대한 선교사 바울의 선교 노하우를 배우고자 한다 (사도행전20:17-38).

## 겸손

바울은 교회를 핍박한 죄로 인해 평생 "죄인 중에 내가 괴수다"라고 고백하며 살았다. 하나님은 바울처럼 겸손한 자를 쓰신다. 하나님은 교만한 자를 물리치시고 겸손한 자에게 은혜를 주신다.

"곧 모든 겸손과 눈물이며" (사도행전20:19a)

## 눈물

바울은 눈물의 사람이다. 그는 눈물로 기도하고 눈물로 복음을 전했다.

"그러므로 여러분이 일깨어 내가 삼 년이나 밤낮 쉬지 않고 눈물로 각 사람을 훈계하던 것을 기억하라" (사도행전20:31)

## 시련극복

바울만큼 많은 시련을 당한 선교사가 과연 있을까?

"유대인의 간계로 말미암아 당한 시험을 참고 주를 섬긴 것과" (사도행전20:19b)

"그들이 그리스도의 일꾼이냐 정신없는 말을 하거니와 나는 더욱 그러하도다. 내가 수고를 넘치도록 하고 옥에 갇히기도 더 많이 하고 매도 수없이 맞고 여러 번 죽을 뻔하였으니 유대인들에게 사십에서 하나 감한 매를 다섯 번 맞았으며 세 번 태장으로 맞고 한 번 돌로 맞고 세 번 파선하고 일 주야를 깊은 바다에서 지냈으며 여러 번 여행하면서 강의 위험과 강도의 위험과 동족의 위험과 이방인의 위험과 시내의 위험과 광야의 위험과 바다의 위험과 거짓 형제 중의 위험을 당하고 또 수고하며 애쓰고 여러 번 자지 못하고 주리며 목마르고 여러 번 굶고 춥고 헐벗었노라" (고린도후서11:23-27)

시련은 누구에게나 온다. 시련을 당하는 것이 문제가 아니라 시련에 지는 것이 문제다.

"이것을 너희에게 이르는 것은 너희로 내 안에서 평안을 누리

게 하려 함이라 세상에서는 너희가 환난을 당하나 담대하라 내
가 세상을 이기었노라" (요한복음16:33)

## 담대한 복음전파

바울은 온갖 고난과 박해에도 불구하고 거리낌 없이 담대하
게 복음을 전했다.

"유익한 것은 무엇이든지 공중 앞에서나 각 집에서나 거리낌
이 없이 여러분에게 전하여 가르치고 유대인과 헬라인들에게
하나님께 대한 회개와 우리 주 예수 그리스도께 대한 믿음을 증
언한 것이라" (사도행전20:20-21)

## 죽을 각오

캐나다에서 목회하는 이 목사는 유명한 조폭 그룹의 2인 자
였다. 그는 160cm 정도의 왜소한 체구에 날카로운 눈빛의 소
유자다. 어떻게 작은 체구로 그 험한 세계에서 살아남았느냐는
질문에 그는 "죽음을 겁내지 않는 자를 이길 사람은 없다."라고
하였다. 맞는 말이다. 염려하고 두려워하고 낙심하는 것도 따지
고 보면 결국 죽음을 두려워하기 때문이다.

"내가 달려갈 길과 주 예수께 받은 사명 곧 하나님의 은혜의

복음을 증언하는 일을 마치려 함에는 나의 생명조차 조금도 귀한 것으로 여기지 아니하노라"(사도행전20:24)

## 하나님의 청지기

왜 목사들로 인해 교회에서 문제가 생기는가? 목사가 성도를 자기 양이라 생각하고, 교회를 자기 교회라 생각하기 때문이다. 바울은 교회를 하나님이 피로 사신 교회라 생각하고 성도를 하나님의 양 떼라 생각하였다. 자신은 단지 하나님이 맡기신 일을 충실히 이행하는 청지기에 불과했다. 이처럼 하나님의 청지기로서 양 떼를 돌볼 때 교회는 든든히 설 것이다.

"여러분은 자기를 위하여 또는 온 양 떼를 위하여 삼가라 성령이 그들 가운데 여러분을 감독자로 삼고 하나님이 자기 피로 사신 교회를 보살피게 하셨느니라"(사도행전20:28)

## 위험에 대한 경고

신천지를 비롯한 이단 세력들로 인해 한국교회가 위협을 받고 있다. 바울은 교회를 무너뜨리려는 외부의 적인 사나운 이리에 대해 경고한다. 또한 교회 안에서 일어날 내부의 적에 대해서도 경고한다. 사탄은 교회를 무너뜨리려고 쉬지 않고 일한다.

따라서 교회는 늘 외부와 내부의 적에 대해 깨어 있어야 한다.

"내가 떠난 후에 사나운 이리가 여러분에게 들어와서 그 양 떼를 아끼지 아니하며 또한 여러분 중에서도 제자들을 끌어 자기를 따르게 하려고 어그러진 말을 하는 사람들이 일어날 줄을 내가 아노라"(사도행전20:29-30)

## 말씀 사역

바울은 에베소 회당에서 석 달 동안 말씀을 전하다가 박해가 있자 두란노 서원에서 두 해 동안 날마다 말씀을 전했다.

"바울이 회당에 들어가 석 달 동안 담대히 하나님 나라에 관하여 강론하며 권면하되 어떤 사람들은 마음이 굳어 순종하지 않고 무리 앞에서 이 도를 비방하거늘 바울이 그들을 떠나 제자들을 따로 세우고 두란노 서원에서 날마다 강론하니라 두 해 동안 이같이 하니 아시아에 사는 자는 유대인이나 헬라인이나 다 주의 말씀을 듣더라"(사도행전19:8-10)

드로아에서 떠나기 전날에는 말씀을 조금이라도 더 전하려고 밤중까지 말씀을 전하는 중에 졸던 청년이 삼층에서 떨어져 죽는 일도 있었다.

"유두고라 하는 청년이 창에 걸터앉아 있다가 깊이 졸더니 바울이 강론하기를 더 오래 하매 졸음을 이기지 못하여 삼층에서 떨어지거늘 일으켜보니 죽었는지라 바울이 내려가서 그 위에 엎드려 그 몸을 안고 말하되 떠들지 말라 생명이 그에게 있다 하고" (사도행전20:9-10)

바울은 말씀이 교회를 든든히 세우는 것을 알기에 말씀 전하는 일에 전력을 다했다.

"그러므로 여러분이 일깨어 내가 삼 년이나 밤낮 쉬지 않고 눈물로 각 사람을 훈계하던 것을 기억하라. 지금 내가 여러분을 주와 및 그 은혜의 말씀에 부탁하노니 그 말씀이 여러분을 능히 든든히 세우사 거룩하게 하심을 입은 모든 자 가운데 기업이 있게 하시리라" (사도행전20:31-32)

### 자족하기

바울은 물질로 인해 성도들에게 폐가 되지 않도록 몹시 조심하였다.

"내가 아무의 은이나 금이나 의복을 탐하지 아니하였고" (사도행전20:33)

"또 내가 너희와 함께 있을 때 비용이 부족하였으되 아무에게도 누를 끼치지 아니하였음은 마게도냐에서 온 형제들이 나의 부족한 것을 보충하였음이라 내가 모든 일에 너희에게 폐를 끼치지 않기 위하여 스스로 조심하였고 또 조심하리라" (고린도후서11:9)

바울은 탐욕을 버리고 어떠한 형편에 처하든지 자족하는 비결을 배웠다.

"내가 궁핍하므로 말하는 것이 아니니라 어떠한 형편에든지 나는 자족하기를 배웠노니 나는 비천에 처할 줄도 알고 풍부에 처할 줄도 알아 모든 일 곧 배부름과 배고픔과 풍부와 궁핍에도 처할 줄 아는 일체의 비결을 배웠노라" (빌립보서4:11-12)

### 본이 됨

바울은 남에게 말씀을 가르치기 전에 자신이 먼저 말씀대로 행했다. 그는 말씀을 입으로만 전하지 않고, 삶과 행동으로 본을 보여주었다.

"범사에 여러분에게 모본을 보여준 바와 같이 수고하여 약한 사람들을 돕고 또 주 예수께서 친히 말씀하신 바 주는 것이

받는 것보다 복이 있다 하심을 기억하여야 할지니라" (사도행전 20:35)

"내가 그리스도를 본받는 자가 된 것 같이 너희는 나를 본받는 자가 되라" (고린도전서11:1)


## 이슬람의 선교전략


카메룬 북부도시 마루아에서 열린 '제3회 카메룬 이슬람 청년집회'에서 크리스천을 모슬렘으로 개종시키기 위해 결정된 선교전략은 다음과 같다.

첫째, 결혼: 남자들은 크리스천 처녀와 결혼하고, 여학생들은 크리스천 남학생에게 접근한다.

둘째, 돈: 생활이 어려운 크리스천 가정을 방문하여 재정적으로 돕는다. 개종하는 자에게는 현금을 지급한다. 카메룬의 이슬람화를 위한 외국의 재정지원은 날로 증가하고 있다. 재정은 개인적 차원뿐 아니라, 국가적 차원에서도 효과적인 도구로 사용된다. 리비아의 가다피 대통령은 가봉에 막대한 재정지원을 하는 조건으로, 가봉의 봉고 대통령을 모슬렘으로 개종시켰다. 현재 가봉은 기독교 선교사의 입국을 불허하고 있다.

셋째, 유학: 교회 내의 유능한 청년에게 장학금을 제안한다. 그들은 차드, 이집트, 파키스탄, 수단, 사우디아라비아, 쿠웨이트에 유학할 수 있다. 카메룬 이슬람은 외부의 특별한 원조를 받고 있다.

넷째, 사업: 사업과 운수업은 이슬람에 의해 통제되어야 하고, 사업을 통해 크리스천들을 복종시킨다.

다섯째, 토지, 임대: 크리스천들에게 토지를 팔지도, 집을 임대하지도 않는다. 임대한 경우는 매달 집세를 올려 쫓아낸다. 나 자신도 차드에서 교회를 개척할 때 세 차례나 임대주가 집세를 몇 배로 올리는 탓에 이사한 경험이 있다.

여섯째, 선거: 모슬렘이 아닌 시장이나 국회의원을 뽑지 않는다.

이런 이슬람 선교전략은 카메룬 남부에서만 한 해에 2,713명의 크리스천 청년들을 무슬림으로 개종하게 했고, 1,012명의 크리스천 어린이들이 개종했으며, 122명의 크리스천 처녀들이 모슬렘과 결혼했다고 보고되었는데 그들은 주로 목사들과 교회지도자들의 딸이다. 이슬람이 크리스천을 개종시키기 위해 세운 전략은 상당한 성공을 거두고 있다.


## 일꾼이 부족하다


아프리카대륙은 3천만 평방km(한반도의 150배)의 큰 대륙이고, 인구는 약 13억이다.

아프리카 54개국은 불어권(23), 영어권(22), 기타(9)의 언어권으로 분류할 수 있다.

불어권은 주로 서부와 북부에 위치하고, 아프리카 인구의 절반을 차지한다.

아프리카는 이슬람 비율(54%)이 가장 높은 대륙이다.

불어권 아프리카에서 개신교 비율이 0%대 국가는 7개국, 10% 미만 국가는 8개국이다.

아프리카를 동서로 가로지르는 푸른 띠를 경계로 북부 지역은 이슬람권이고, 남부지역은 기독교권이다. 푸른 띠 지역에 위치한 중서부 아프리카 지역은 대부분이 불어권이다. 많은 불어권 아프리카 국가들이 이슬람권과 기독교권의 접경지역에 위치한다.

불어권 아프리카 지역이 선교전략에서 중요한 이유는 이슬람과 기독교의 접경지역에 위치한다는 것 외에도, 불어권 국가들은 일반적으로 기독교 선교를 허용한다는 점이다. 불어권 아프리카 몇 나라를 예로 들어보자.

### 이슬람이 최대종교인 불어권아프리카 국가

차드: 이슬람55%, 기독교28%(개신교13%)

부르키나파소: 이슬람50%, 기독교18%(개신교8%)

코트디부아르: 이슬람39%, 기독교32%(개신교9%)

### 이슬람이 절대다수인 불어권아프리카 국가

튀니지: 이슬람99.66%, 기독교0.22%(개신교0%)

니제르: 이슬람98%, 기독교0.4%(개신교0.1%)

지부티: 이슬람94%, 기독교5%(개신교0.07%)

세네갈: 이슬람92%, 기독교5%(개신교0.1%)
말리: 이슬람87%, 기독교2%(개신교0.8%)
기니: 이슬람85%, 기독교5%(개신교1%)

선교사들이 이슬람국가나 아랍권에서 정부의 심한 통제를 받으며 비밀리에 선교하다 투옥되거나 추방되는 경우가 종종 있다. 그러나 불어권 아프리카 국가들은 이슬람이 최대종교인 나라는 물론이고, 이슬람이 절대다수인 나라도 다른 이슬람 국가들과는 달리 약간의 선교 자유를 허용하고 있다. 심지어 지부티는 이슬람이 국교임에도 타 종교의 자유를 어느 정도 허용하고 있다. 그러므로 아프리카 불어권 국가들이 이슬람 국가로 전환하여 기독교 선교를 전적으로 봉쇄하기 전에 이 소중한 선교의 기회를 시급히 활용해야 할 것이다.

그러나 불행하게도 전체 한인 선교사의 0.8%만이 불어권 아프리카에서 사역하고, 아프리카 한인 선교사의 7%만이 불어권 아프리카에서 사역하고 있다, 불어권 아프리카에는 추수할 것은 많되 일꾼이 절대적으로 부족하다.

이에 제자들에게 이르시되 추수할 것은 많되 일꾼이 적으니
그러므로 추수하는 주인에게 청하여 추수할 일꾼들을 보내 주소서
하라 하시니라 (마태복음9:37-38)

# 성서적 선교정책

## 서구적 선교정책

19세기에 영국 '교회선교협회'(Church Missionary Society) 지
도자 헨리 벤을 중심으로 선교지에 자립교회를 세우는 자립교
회 선교전략이 제안되었다. 이것은 삼자정책이라 하며, 선교지
교회가 하루속히 선교사의 도움 없이 스스로 다스리고(자치.self-
government), 스스로 부양하며(자립. self-support), 스스로 전도하
는(자전. self-propagation) 교회가 되는 것을 의미하는 것이다.

헨리 벤의 전략은 미국 해외선교회의 지도자인 앤더슨에 의
해 미국에서도 소개되었다. 앤더슨은 선교의 목표가 불신자들
의 개종과 교회설립, 그리고 궁극적으로는 완전히 자립적인 토

착교회를 세우는 것이라고 강조하였다. 그러나 앤더슨의 전략은 헨리 벤의 전략에 비하여 자립의 척도를 재정적 독립보다는 자율적 전도에 두었다. 6) 앤더슨은 대부분의 선교사역이 사회사업에 집중하고 복음전파에는 실패한 것을 보았다.

네비우스는 자립교회 세우는 것을 선교의 목표로 세웠으나 삼자 정책을 그대로 적용하지는 않았다. 그는 개 교회의 지도자들에게는 월급을 주지 않았으나 순회전도인 조력자들에게는 월급을 지급하였다. 그는 자립(self-support)을 고집하다가 자전(self-propagation)을 잃는 우를 범하지 않았다. 그는 자립과 자전을 지혜롭게 조화하여 주님의 지상명령을 효과적으로 성취하는 일에 역점을 두었다. 그러나 네비우스 선교방법은 그 공헌에도 불구하고, 경제 형편이 어려운 선교지 상황에서 도움 없이 자립만을 요구하는 것은 오히려 선교지 교회를 도말할 가능성이 있으며, 더 나아가 현지 교회에 서구의 가치관인 개인주의와 제도주의를 보급시키고, 반지성주의와 교파주의, 비 정치주의와 고립주의의 부작용을 낳을 수 있다는 지적을 받았다. 7)

삼자 정책이 서구교회에 의존하던 교회들에 적용되었을 때,

그 결과는 재앙이었다. 헨리 벤의 원칙은 인도에서 영국성공회에 수십 년간의 정체를 가져왔고, 시에라리온의 교회는 선교사들이 물러나고 토착교회를 세운 1960년에 마비되었다. 1950년에 시작된 서부 카메룬침례교회의 주목할 만한 성장은 1955년-1960년 사이에 중단되었는데, 그 이유 중 하나는 선교회의 과도한 토착화 정책이었다. 크와스트는 이 상황을 가리켜 "선교회가 전도로부터 완전히 철수함으로써 교회의 성장은 치명적인 타격을 입었다"고 논평하였다. [8]

뉴비긴은 삼자 정책이 몇 십 년 동안 선교회들의 목표가 되었으나 이것은 잘못된 목표 설정임이 갈수록 더 인식되고 있다고 하였다. 교회의 참된 자세는 의존도 독립도 아니고 상호의존, 즉 하나님께 전적으로 의존하고 한 몸의 여러 지체가 상호 의존하는 것이라고 하였다. [9]

삼자 정책을 자신의 선교지에 적용한 네비우스 자신은 "선교 계획들과 방법들은 이방인에게 진리를 전하는 방법이 다양한 것 같이 반드시 그 서로 다른 상황과 조건들에 맞추어 수정되어야 한다."고 현지 상황에 따른 다양한 선교 방법의 채택을 주장하였다. [10]

또한 맥가브란은"어떤 하나의 방식만으로는 효과적인 선교를 이룰 수 없다."라고 하였다. [11]

허버트 케인은 자립 정책에 있어서, 제3세계의 교회들은 자치에 중요성을, 선교회들은 자립에 중요성을 부여했으나, 교회와 선교회들의 다툼 속에서 그들은 가장 중요한 자전을 잃었다고 지적하였다. 그는 선교지의 교회들이 자전을 잃은 것은 교회의 책임이기보다는 교회에 전도의 사명을 가르치지 않은 선교사들에게 먼저 그 책임이 있다고 하였다. 선교사들이 계속 다른 사역지로 이동할 때, 뒤에 남겨진 교회들은 현실에 안주하는 데 모든 에너지를 썼다는 것이다. [12]


20세기 선교방식은 두 가지 기본 패턴으로 특징지어진다. 에큐메니칼 운동과 지상 대위임령 선교가 그것이다.

먼저, 에큐메니칼 운동은 다른 종교와 대화하되 회심시키려고 하지 말아야 한다는 것이다. 추수할 땅에도 씨 뿌리는 것이 우선적인 방식이 되어버렸다. 에큐메니칼 방식은 또한 인류애적인 사역을 강조했고, '순종함으로 동역함'을 모토로 채택하였다. 이 모토는 책임과 권위가 분배되어야 하며, 선교지 교회에 주어져야 한다고 말한다. 이런 노력은, 만일 그들이 개종 노력

을 등한히 하거나 버리지 않는다면, 유용할 것이다. 그러나 에
큐메니칼 교회지도자들은 선교회와 선교지 교회 간의 바람직
한 협력관계인 파트너십을 추구하는 과정에서 선교를 희생시
켰다. 그들은 현지교회와의 협력관계를 선교보다 더 우선한 것
이다.

20세기의 두 번째 선교 방식은 지상 대위임령 선교로, 제자
삼기를 추구하고, 제자들을 지역 토착교회 안에 모으며, 그들을
크리스천의 삶과 사역에서 훈련한다. 지상 대위임령 선교는 교
육과 훈련 사역, 의료, 개발, 봉사 등의 인류애적인 노력을 포함
한다. 그럼에도 불구하고 이러한 인류애적인 노력은 제자를 삼
고, 교회를 세우는 수고의 부분은 될지언정 전도의 대체는 될
수 없다. 선교는 결코 두 가지 주요 목표인 전도와 교회설립을
잊지 말아야 한다. 효과적인 선교전략은 재생산의 특성을 갖추
어야 한다. 선교 활동의 목표는 재생산하는 신자들을 재생산하
는 교회들에 편입시키는 것이다. 효과적인 선교전략은 하나님
나라의 성장에 중점을 둔다. [13]

## 성서적 선교정책

### 효과적인 지상 대위임령 성취

오늘날의 복음주의선교회는 두 가지 선교전략을 사용한다.

첫째는, 발판 이미지다. 허드슨 테일러는 "나는 외국인 선교사는 건축 중인 건물 주위에 세워진 임시적인 발판과 같다고 생각한다. 발판은 가능한 한 빨리 제거되고, 가능한 한 빨리 다른 곳으로 운반되어 임시적인 같은 사역을 실행해야 한다."고 하였다.

둘째는, 헨리 벤의 삼자 정책이다. 선교사의 목표는 자립하는 지역교회를 세우는 것이고 교회가 자립이 되면 선교사는 더 이상 교회에 목회적인 관여를 하지 않고 새로운 사역을 위해서 다른 지역으로 이동한다. 헨리 벤의 전략에 의하면 자립적인 토착교회가 설립될 때에 선교지에서 선교사의 임무는 끝나게 되어있다.

이처럼 복음주의자들의 두 가지 선교전략에 의하면, 선교사는 가능한 한 빨리 지역교회를 세워 자립시키고 가능한 한 빨리 그곳을 떠나 다른 곳으로 이동하여 같은 사역을 시작해야 한다.

그리고 선교회는 전도의 대리점일 뿐, 어떤 경우에도 교회에 동화될 수 없다. 이들은 지나치게 일과 시간에 집착하여 선교지 현지인과의 인간관계를 소홀히 한 탓에 결국 아프리카 선교에 실패하였다. 14)

복음주의자들과는 반대로, 에큐메니칼 운동을 하는 선교회들은 선교지 교회와의 파트너십을 모토로 삼아 그들과 협력하고 그들에게 동화되는 과정에서 선교(회)를 희생시키는 잘못을 범했다. 15)

그러므로 복음주의자들은 선교를 희생시키지 않고 간섭주의의 비난에서 벗어나 선교지 교회와 바람직한 동역 관계를 형성할 방법을 모색해야만 한다. 자립도 중요하고 파트너십도 중요하지만 정말 중요한 것은 효과적인 지상명령의 성취다. 선교지 교회가 자립하고 지상명령을 성취하지 못한다면 무엇을 위한 자립인가? 선교지 교회와 좋은 파트너십을 이루고 지상명령을 희생시킨다면 무엇을 위한 파트너십인가? 선교의 목표는 주님이 분부하신 지상명령을 성취하는 것이다. 그 어느 것도 이것을 대체할 수 없고, 이것을 희생시켜서도 안 된다.

필자는 아프리카에서 전통적인 선교 방식을 답습하는 대신에 새로운 시도를 하였다. 그것을 '아비론'이라 칭하고자 한다. 바울은 "그리스도 안에서 일만 스승이 있으되 아비는 많지 아니하니 그리스도 예수 안에서 복음으로써 내가 너희를 낳았음이라"(고전4:15)고 하였다.  그러면, 바울이 말하는 아비는 어떤 사람인가? 아비는 복음으로 자녀를 낳고(고전4:15.전도), 자녀 안에 그리스도의 형상이 이루기까지 해산하는 수고를 하며(갈4:19.양육), 자녀를 세상에 보내고(요17:18.파송), 자녀를 위해 재물을 사용하고 자신을 내어주는 자이다(고후12:14-15.후원).

　　바울이 말하는 아비는 '공사장의 발판'처럼 교회가 세워지면 가능한 빨리 다른 곳으로 옮겨져서 같은 일을 시작해야 하는 존재도 아니고, '삼자 정책'대로 교회가 자립하면 떠나야 하는 존재도 아니다. 아비는 자녀가 태어날 때부터 성장기를 거쳐 독립해서 나간 후까지도, 자녀가 살아있는 동안 자녀와 진한 혈육 관계를 유지하고 자녀를 위해 모든 것을 내어주는 자다. 이같은 아비-아들 관계는 간섭하는 관계가 아니라, 성숙한 아버지의 성숙한 아들에 대한 관계다. 그래서 '간섭주의'와 차별을 두기 위해 '성서적 간섭주의'(biblical paternalism)란 용어를 사용하는 것을 고려한다.

## 바울시대와 오늘의 차이

바울의 선교사역은 그 '이동성'으로 특징지어진다. 그는 믿을 수 없을 만큼 짧은 시간에, 성령의 은혜로, 지역교회를 형성하였다. 그러나 바울의 시대와 우리의 시대는 다르다. 바울이 순회하며 선교했으니, 선교사들은 한 지역에 정착하지 말고 바울처럼 순회하며 선교해야 한다는 주장은 시대의 차이를 간과하는 것이다. 그렇다면 바울 시대와 우리 시대 사이에는 어떤 차이가 있는가?

첫째로, **문화적 차이**다. 바울은 주로 유대인들에게 전도했다. 거기에는 타 문화권 선교에 필요한 적응 기간이나 문화충격이 거의 없었다. 물론 후에 그가 이방인들에게 선교했으나, 그들은 당시 세계를 지배한 헬라문화권에 속했으므로 모두 같은 언어를 사용하는 같은 문화권이라고 볼 수 있는 것이다. 그러나 오늘날의 선교사들은 모국 문화와 전혀 다른 타 문화권에 가서 선교한다. 그들이 선교지의 문화에 적응하고 언어를 익히는 데만도 상당한 시간이 필요하다.

둘째로, **시기적 차이**다. 바울 시대는 복음전파의 초창기였다. 그 당시에 복음은 팔레스틴 지역에 국한되어 있었으므로 시급히 다른 지역으로 확산시킬 필요가 있었다. 그러나 오늘날은 10만 명이 넘는 선교사들이 거의 전 세계 모든 나라에서 사역하고 있다. 따라서 그들이 여러 지역을 순회하며 새로운 지역의 환경에 적응하는 데 시간을 소비하는 것보다, 한 지역에 정착하여 그 지역선교의 전문성을 확보하는 것이 이 시대에 더 효과적이라 할 수 있다.

셋째로, **세계관 차이**다. 서구선교사들이 선교지 교회의 완전한 자립을 강조하고 간섭주의에 강한 거부감을 갖는 것은 성서적인 근거에서라기보다는 서구적인 세계관의 영향인 듯하다. 바울이 자립교회를 세운 후 간섭을 피하기 위해 가능한 빨리 떠났고 그 후에 더 이상 간섭하지 않았다는 근거를 성경에서 찾기는 쉽지 않다. 오히려 성경은 바울이 개척한 교회를 아비의 심정으로 끝까지 돌보았다는 것을 보여주고 있다.

알렌은 다음과 같이 주장한다. "교회는 더 이상 바울에게 의존하지 않았다. 하지만 교회는 더 이상 바울에게서 독립한 것도 아니었다. 기회가 왔을 때 바울은 그가 세운 교회들에게 권위를 주장하였고, 그 권위는 주님으로부터 직접 받은 것임을 주저하지 않고 단언하였다."(고린도후서10:8, 13:10). 바울은 필요하다고 생각되면 반대자들의 입을 막았다. 그는 일반적인 원칙을 마련했고(고린도전서7:17), 또한 예배를 위한 지침도 주었다(고린도전서11:34). 사람들이 그의 권위에 도전할 때면, 바울은 모든 말을 확정하기 위한 법정을 마련하자고 제안하였다(고린도후서3:1-2)" 16)

헤셀그레이브는 "서구선교사들은 그들이 세운 교회에 지나친 독립을 장려하는 문화적인 선입관을 갖고 있다. 모든 개신교 선교사들은 개인의 자유를 존중하는 회중 원칙은 선교지에 적용될 수 없다는 보편적인 경험이 있다. 오히려 중앙집권적인 권위를 갖는 것이 선교에 도움이 된다"고 하였다. 17)

인간관계에 있어서 서구와 아프리카의 세계관에는 뚜렷한 차이가 있다. 서구인이 개인의 독립을 강조하는 개인주의 세계관을 갖고 있다면, 아프리카인은 서로 의존하고 도움을 주는 집단주의 세계관을 갖고 있다. 폴 히버트는 "북미인의 자립 사상이 세계 많은 곳에서 반드시 긍정적인 가치를 가진 것은 아니며, 오히려 의존관계가 이상적인 관계인 곳들이 있다"고 말한다. 18) 폴 히버트의 견해에 의하면 자기 의존적인 '삼자 정책'보다는 상호의존적인 '아비론'이 아프리카인의 세계관에 더 잘 부합된다고 할 수 있다.

선교사는 리더다. 리더는 비전의 사람이다.
야망이 아닌 비전의 사람이다.
선교사가 비전을 갖고 그 비전을 이루어가는 것을 볼 때
현지인들 역시 비전의 사람이 될 것이다.

앙드레와 어머니

선교사파송

밀림지역 성인식

밀림지역 수제드럼

## 참고문헌

1) 윌리암 테일러 편집, Yusufu Turaki, "아프리카로부터의 복음주의 선교학 :

   장점과 단점들", 21세기 글로벌 선교, 479-483.

2) Jacques Blandenier, Mission Renouvellée, Paris:Editions G.M,1975. 185-186.

3) David Hesselgrave, [선교 커뮤니케이션론] 강승삼 역, (서울: 생명의 말씀사, 1999), 366.

4) 존 맥스웰, [리더십 21가지 법칙], 홍성화역, (서울: 청우, 2005), 151.

5) 이석호 엮음, [아프리카 탈식민주의 문화론], (서울: 동인, 2001), 133-134.

6) 김연진, [선교신학총론] (서울: 성광문화사,1995), 234.

7) 김성태, [세계 선교전략사] (서울: 생명의말씀사,1994), 133, 231.

8) Robert McQuiklin, "The Foreign Missionary", The Church/Mission Tension Today, 225.

9) Lesslie Newbigin, A Word in Season, (Grand Rapids: Eerdmans, 1994), 18.

10) 제럴드 앤더슨 외, [선교역사와 신학] (서울: 서로사랑, 1998), 126.

11) John Mark Terry & Ebbie Smith,, eds., Missiology,

(Nashville, TN: Broadman & Holman, 1998), 442-444.

12) 허버트 케인, [기독교 선교이해], 신세균역, (서울: 기독교문서선교회, 1997), 454.

13) John Mark Terry, & Ebbie Smith eds., Missiology, 440-446

14) 김성태, [세계선교전략사], (서울: 생명의 말씀사, 1994), 23.

15) D. J. 헤셀그레이브, [현대선교의 도전과 전망], 장신대세계선교원역,

(서울: 한국장로교출판사,1991), 221-223.

16) Roland Allen, Missionary Methods : St Paul's or Ours?

(Westminster: World dominion press,1960), 111-112.

17) David. J. Hesselgrave, Planting Churches Cross-Culturally,

(Grand Rapids: Baker   Books, 1995),413.

18) 폴 히버트, [선교와 문화인류학] 김동화 외 역, (서울: 조이선교회,1997), 173-177.

## 사단법인 러브아프리카는

2006년 7월7일 평신도 7명으로 구성된 중보기도 팀이 아프리카를 위한 첫 예배를 드렸습니다. 이후 '아프리카 70인기도모임'이란 명칭으로 12년 동안 카메룬을 중심으로 불어권 서부 아프리카를 중보하며 100회가 넘는 중보기도 모임으로 이어왔습니다.

'아프리카 70인기도모임'은 하나님과 인간을 사랑하며 아프리카 땅을 변화시켜갈 크리스천 리더를 양육할 수 있는 열방 유치원, 초등학교, 중, 고등학교와 비젼 의대를 세우게 되었습니다.

이렇듯 사역의 지경이 확장됨에 따라 교육과 의료, 구제 사역의 능률적이며 지속적인 관리를 위한 법인화의 필요성을 공감하여 법인추진이사회를 조직하였고 2018년 1월에 (사)러브아프리카로 승인받기에 이르렀습니다.

(사)러브아프리카는 아프리카의 낙후된 교육과 의료 현실을 개선하여 어린이, 청소년들을 가난과 무지와 질병으로부터 벗어나게 하며 행복한 삶을 살도록 돕고 이들이 아프리카를 이끌어 갈 리더로 세워짐을 목적으로 합니다.

이를 위해 본 법인은 아프리카 여러 나라의 어린이, 청소년, 청년들을
- 가난으로부터 자유롭게 하는 구호사업
- 무지로부터 자유롭게 하는 교육시설 및 학교 설립
- 질병으로부터 자유롭게 하는 의료시설 및 병원 설립
등의 사업을 전개하고 있습니다.

(사)러브아프리카 (후원계좌 : 신한은행 100-032-649001)
www.loveafrica.or.kr / Tel.1522-5158
책 판매 이익금 전부는 (사)러브아프리카로 입금되며 아프리카 선교사업에 쓰여집니다.